L'ÉCONOMIE EUROPÉENNE EN 100 CITATIONS

Cristina Peicuti

Savoirs

puf

Cet ouvrage a été publié avec le soutien
de la chaire BPCE de l'ESCP BS

ISBN : 978-2-13-086218-5

Dépôt légal – 1re édition : 2024, mars

170 *bis*, boulevard du Montparnasse, 75014 Paris

« *Fit homo, non nascitur.* »
« On ne naît pas homme, on le devient. »
Érasme (1466-1535)

À mes ami(e)s de la Maison 13, Strümpelstrasse 6,
Düsseldorf, Allemagne.

Échanges Erasmus
Jennifer, Stefanie (Anvers), Guy (Ostende), Roberta (Florence), Sarah (Wickford), Ray, Elaine (Dublin), Arnaud, Maëlle (Lorient), Celeste (Apricena), Katinka (Budapest), Milena (Prague), Sabrina (Naples), Edna (Celje), Mariya (Perm), Irene (La Corogne), Marta, Michal, Ewelina, Tomasz, Agnieszka (Gdansk), Elias (Alicante), Graham (Pays de Galles), Marko (Maribor), Natasha (Slovénie), Juan Carlos (Jaén), Miguel (Mérida), Cristina (Pampelune) et Désirée (Ourense).

Échanges autres qu'Erasmus
Lina, Guillermo, Nicolas (Medellin), David (Philadelphie), Vadim (Minsk) et Stanislav (Saint-Pétersbourg).

« Il n'est de richesse ni de force que d'hommes. »
Jean Bodin (1529-1596)

« Nous n'héritons pas de la terre de nos parents,
nous l'empruntons à nos enfants. »
Antoine de Saint-Exupéry (1900-1944)

Sommaire

LE ROYAUME-UNI ET LA NORVÈGE

Introduction

L'Europe se caractérise par deux aspects : une économie et une civilisation fortement enchevêtrées depuis des millénaires.

Hippocrate (460 av. J.-C.-377 av. J.-C.), le père de la médecine, est parmi les premiers à décrire les *Europaioi*, qui, d'après lui, se définissent par des caractéristiques physiques, morales et politiques découlant de la topographie et du climat. Cette théorie d'Hippocrate a exercé une influence considérable au fil des siècles, modifiant la vision du monde de tout un continent, dont les habitants se sont définis comme des *Europaioi*.

Nous devons le mot économie aux Grecs ; dans leur langue, *oikonomia* signifie, d'après le Larousse, « organisation ». Le mot économie a comme origine *oikos*, qui signifie le « domaine familial », auquel le philosophe grec

Aristote (384 av. J.-C.-22 av. J.-C.) oppose la *polis*, correspondant à la cité. À l'époque, l'économie signifie l'obtention de richesses qui font vivre une famille par l'exploitation du domaine dont elle est propriétaire.

Avec l'émergence de l'État-nation à la fin du Moyen Âge, l'économie ne relève plus uniquement de l'organisation familiale, mais aussi de la cité, appelée État. Pour cette raison, elle est qualifiée d'« économie politique », du grec *oikos* et *polis*. Ce terme est consacré par l'un des premiers économistes français, Antoine de Montchrestien (1574-1621), qui publie en 1615 un *Traicte de l'oeconomie politiqve dedié av Roy et à la Reyne Mère du Roy.*

D'autre part, comme dirait l'écrivain français Ernest Renan (1823-1892), « ce qui constitue une nation, ce n'est pas de parler la même langue, ou d'appartenir à un groupe ethnographique commun, c'est d'avoir fait ensemble de grandes choses dans le passé et de vouloir en faire encore dans l'avenir ». Qu'il s'agisse du plan économique ou culturel, cette définition correspond à l'Europe. En 1882, Renan considère que « les nations ne sont pas quelque chose d'éternel. Elles ont commencé, elles finiront. La confédération européenne, probablement, les remplacera [1]. »

---

1. Ernest Renan, *Qu'est-ce qu'une nation ?* [1882], Paris, Imprimerie nationale, 1996.

Les deux guerres mondiales ont eu comme conséquence la montée en puissance des États-Unis et de l'URSS, invités par les Européens belligérants à participer au conflit. L'URSS a profité de la Seconde Guerre mondiale pour conquérir la moitié de l'Europe et lui imposer le communisme et l'économie planifiée. L'autre moitié de l'Europe est passée sous l'influence des États-Unis et a gardé une économie de marché. De grands hommes d'État comme Charles de Gaulle (1890-1970) ont limité l'influence américaine en contrant sa progression.

En 1987, deux ans avant la chute du mur de Berlin, cette évolution politique fait dire à Edgar Morin (1921-), philosophe et sociologue français : « L'Europe a rétréci. Elle n'est plus qu'un fragment d'Occident, alors qu'il y a encore quatre siècles, l'Occident n'était qu'un fragment d'Europe [1]. »

Emil Cioran (1911-1995), écrivain roumain qui a fui le communisme en s'exilant en France, se demande dans les années 1950 : « Comment compter sur l'éveil, sur les colères de l'Europe ? Son sort et jusqu'à ses révoltes se règlent ailleurs [2]. »

Stefan Zweig (1881-1942) est le premier à écrire sur la nostalgie de l'Europe d'avant la Première Guerre

1. Edgar Morin, *Penser l'Europe*, Paris, Gallimard, 1987.

2. Emil Cioran, *La Tentation d'exister*, Paris, Gallimard, 1956.

mondiale, dans ses mémoires intitulés *Le Monde d'hier. Souvenirs d'un Européen*. Dans *L'Art du roman*, trois ans avant la chute du mur de Berlin, l'écrivain tchèque Milan Kundera (1929-2023) qui, comme Cioran, s'est exilé en France pour fuir le communisme, définit l'Européen comme « celui qui a la nostalgie de l'Europe ».

Désormais, en tant que deuxième puissance mondiale, l'Union européenne réunifiée se retrouve tiraillée économiquement entre les États-Unis et la Chine avec une guerre à ses portes. C'est l'entrée en 2001 de la Chine dans l'Organisation mondiale du commerce sans l'obligation réelle du respect des règles imposées aux autres membres qui lui a permis de se développer au point de briguer le *leadership* économique et politique mondial détenu jusqu'alors par les États-Unis et jusqu'à la Seconde Guerre mondiale par l'Europe.

Ainsi va le monde… à moins que les jeunes Européens ne visent de nouveau la première place mondiale pour l'Europe. De la deuxième à la première place, il n'y a qu'une marche. Dans la marche du monde, Georg Friedrich Hegel (1770-1831) situe l'Europe à « la fin de l'Histoire » : « L'Histoire universelle va de l'Est à l'Ouest, car l'Europe est vraiment la fin de l'Histoire, dont l'Asie est le commencement [1]. »

---

1. Georg Friedrich Hegel, *Leçons sur la philosophie de l'Histoire* [1837], Paris, Gallimard, 2007.

Nota bene *méthodologique*

À part les auteurs grecs et latins et Stéphane Bern, les auteurs des citations sont classés en fonction de leur pays de naissance au périmètre géographique d'aujourd'hui. Les citations issues d'ouvrages inédits en français ont été traduites par l'auteure.

Les 27 pays de l'Union européenne

Grèce[1]

Argent

En grec comme en français, on utilise le même terme pour désigner les pièces de monnaie et le métal précieux. Faisant allusion à la corruption, un oracle aurait dit à Philippe de Macédoine, le père d'Alexandre le Grand : « Combats avec des lances d'argent et tu conquerras le monde. »

Le poète Alcée de Mytilène (630 av. J.-C.-580 av. J.-C.) dénonce la toute-puissance de l'argent dans notre société : « *Chremata, cremat aner* » (« Argent, argent, voilà tout l'homme ! »). Il attribue cette maxime au spartiate Aristodème et la complète

1. Le livre de référence pour les citations grecques et latines est celui de Renzo Tosi, *Dictionnaire des sentences latines et grecques*, trad. de l'italien par Rebecca Lenoir, Grenoble, Jérôme Million, 2010.

en écrivant qu'« un pauvre n'est jamais ni noble ni honoré ».

Dans *Antigone*, le dramaturge Sophocle (495 av. J.-C.-406 av. J.-C.) écrit : « L'argent, ah ! Maudite engeance, fléau des humains ! Il ruine les cités, il chasse les hommes de leurs maisons ; maître corrupteur, il pervertit les consciences, leur enseigne des ruses criminelles, les initie à toutes les impiétés. » Il ajoute que, « pour les hommes, il n'y a jamais eu d'institution aussi fatale que l'argent ».

L'auteur comique grec Ménandre (343 av. J.-C.-292 av. J.-C.) affirme que « c'est l'or qui détient le pouvoir sur les hommes » et que « l'argent ouvre tout, même les portes de bronze ». Cette dernière maxime donnerait naissance au proverbe français « Un marteau d'argent rompt une porte de fer » et fera dire à Molière dans *L'École des femmes* : « L'argent est la clef de tous les grands ressorts. »

Timing

Dans les affaires, reconnaître le bon moment et le saisir est indispensable à la réussite. En finance, on parle de trouver la « bonne fenêtre » pour s'introduire en bourse, lancer un produit ou proposer un projet, ou de « *timing* ».

La phrase « *Kaïron gnothi* », « Sache repérer le bon moment », est attribuée à Pittacos de Mytilène (650 av. J.-C.-570 av. J.-C.), l'un des Sept Sages de la Grèce.

Un proverbe grec dit que « c'est l'année et non le terrain qui fait la récolte ».

Parlant des gens qui ont raté quelque chose qui aurait pu leur être agréable, Platon (428 av. J.-C.-348 av. J.-C.) cite dans le *Gorgias* le proverbe « nous sommes arrivés après la fête ».

Grégoire de Nazianze (329-390) nous invite à agir le moment venu sans tarder : « Tant que le fer est chaud, il faut le tremper dans l'eau froide. »

Opportunité

Le sophiste Anaxarque (380 av. J.-C.-320 av. J.-C.) considère que savoir profiter des circonstances est le plus haut degré de sagesse.

Dans une épigramme de Posidippe (310 av. J.-C.-240 av. J.-C.), une statue dit représenter « l'occasion qui régit tout ».

Michel Apostolius (1420-1478), philosophe de Constantinople, rapporte le proverbe grec affirmant que « l'occasion est l'âme de l'action ».

Les Grecs de l'Antiquité disent aussi que « l'occasion est complice de bien des choses ».

Le début d'une entreprise

Les proverbes grecs mettent en garde sur le fait que « le début de toute opération est malaisé et difficile » et que « le début est la moitié du tout ».

L'historien Hérodote (480 av. J.-C.-425 av. J.-C.) prévient aussi que « le début ne laisse pas présager de la fin ».

Réussite

Pour réussir dans son entreprise, d'après Aristote, il faut consentir à bien des efforts : « Si tu jettes des milliers de flèches, tu finiras toujours par attraper quelque chose. »

Afin de mener à bien un projet, le poète Nicarque (Ier siècle) invite à la persévérance : « Soulève chaque pierre. »

Luxe

Le poivre est connu depuis longtemps comme l'atteste l'étude radiologique de Ramsès II (1304 av. J.-C.-1213 av. J.-C.), qui a révélé la présence de grains de poivre noir dans la cavité nasale. Pendant des siècles, le poivre était un grand luxe car il valait très cher. Ainsi, pour dénoncer les luxes inutiles des riches, Michel Apostolius écrit : « Qui a du poivre en abondance en agrémente aussi sa salade », une maxime encore prononcée de nos jours en langue corse.

Économie

Dans *Les Travaux et les Jours*, le grand poète Hésiode (750 av. J.-C.-650 av. J.-C.) invite le lecteur à « ne pas faire d'économie de bouts de chandelle » en remplaçant l'image de la chandelle par celle de l'amphore, dans laquelle, pour avoir du vin plus longtemps, il faut commencer à puiser avec modération dès que l'amphore arrive à la moitié : « Tardive épargne, quand le vin touche à la lie. »

Richesse

Ménandre considère qu'« aucun juste ne s'est jamais enrichi rapidement ».

D'après Michel Apostolius, quand une personne change trop souvent d'endroit, elle ne parvient pas à s'enrichir : « Pierre qui roule n'amasse pas mousse » ; ce qui rejoint le proverbe provenant d'un passage de Sénèque qui dit qu'« une plante trop souvent transplantée s'affaiblit ».

D'après Ménandre, « les richesses sont pour l'homme le plus grand des boucliers ».

Dans *De constantia sapientis*, Sénèque raconte que le philosophe Stilpon (360 av. J.-C.-280 av. J.-C.) répond à Démétrius Poliorcète, après que celui-ci a conquis et pillé Mégare, la ville natale de Stilpon : « Je porte en moi toutes mes richesses. »

Pauvreté

Pour Ménandre, « les discours des pauvres sont vains ». Ménandre estime qu'« aucun fardeau n'est plus lourd à porter que la misère ».

Le proverbe grec « nul pauvre n'achète de la viande de première qualité » reste d'actualité.

L'Amour est le fils de Poros, qui représente le moyen d'arriver à son but, et de Pénia, qui symbolise la pauvreté. Dans *Le Banquet* de Platon tel que Socrate le restitue, Diotime, la prêtresse de Mantinée, parle de l'importance de l'argent en amour : « L'amour fleurit quand il est riche, et meurt quand il est dans la nécessité. » Autrement dit, « quand la pauvreté entre par la porte, l'amour s'en va par la fenêtre ».

L'historien Thucydide (460 av. J.-C.-395 av. J.-C.) considère qu'« il n'est pas honteux d'avouer sa pauvreté ; en revanche, il est honteux de ne pas chercher à l'éviter ».

Fortune

En économie comme dans la vie, « les choses humaines sont sur une roue », ainsi que le dit Crésus d'après l'historien Hérodote. « Lorsqu'une roue tourne, la partie qui se trouve le plus en hauteur change constamment » d'après Plutarque (46-125), qui cite dans *Consolatio ad Apollonium* un auteur grec inconnu.

Cléobule, l'un des Sept Sages, conseille : « Quand les choses vont bien, reste humble ; quand elles vont mal, ne te laisse pas abattre. »

Pour décrire un homme chanceux en affaires, les Grecs antiques disent : « Son filet travaille tout seul pendant qu'il dort », ou ils affirment que, le concernant, « les dés de Zeus tombent toujours du bon côté ».

Gouvernance

Un proverbe grec énonce que « le pouvoir révèle l'homme ».

Strabon (60 av. J.-C.-20 apr. J.-C.) conseille de « prendre le taureau par les cornes ».

Les proverbes grecs nous invitent à ne pas persévérer dans nos erreurs : « C'est une honte que de trébucher deux fois sur la même pierre », ou « À la guerre il n'est pas permis de se tromper deux fois ».

Thucydide recommande de toujours impressionner ses adversaires pour qu'ils n'attaquent pas. Ceci implique de s'armer pour vivre en paix : « Si tu veux la paix, prépare la guerre. » Par ailleurs, Pindare (518 av. J.-C.-438 av. J.-C.) met en garde sur le fait que « la guerre est chose douce pour ceux qui ne l'ont jamais éprouvée ».

Dans *La Vie de Solon*, Plutarque prévient que, « dans les affaires de haute importance, il est impossible de plaire à tout le monde ».

Dans *De liberis educandis*, Plutarque conseille au maître de contrôler ce qu'il détient : « Rien ne fait davantage engraisser un cheval que le regard du roi », ou de faire contrôler par des personnes payées par le roi pour cette tâche : « Le roi a de nombreuses oreilles et de nombreux yeux » ; alors que l'écrivain latin Juvénal (55-128), son contemporain, se demande dans ses *Satires* « qui surveillera les surveillants ».

Le fameux philosophe Diogène (413 av. J.-C.-324 av. J.-C.) met en garde sur le danger de la multiplication des décideurs sur un même sujet : « La ruine de la Carie fut ses nombreux généraux. »

Il est important de travailler en équipe car les Grecs considèrent qu'« un c'est personne », ce qui équivaut à « Même chez les moins bons, l'union fait la force » de l'*Iliade* d'Homère (VIIIe siècle av. J.-C.) ou au proverbe français « Homme seul est viande à loups ».

Hésiode met en garde ceux qui gouvernent contre des cadeaux : « Les offrandes aveuglent les dieux et les nobles rois. »

Le dramaturge Aristophane (445 av. J.-C.-environ 385 av. J.-C.) nous incite à affronter les difficultés jusqu'au bout et à assumer toutes les conséquences de nos décisions et de nos actes : « Puisque tu as trouvé bon de boire le vin, il faut aussi vider la lie. » Il n'est pas possible pour un entrepreneur de faire autrement.

Ressources humaines

Comme l'explique Ésope (620 av. J.-C.-564 av. J.-C.), le père de la fable, « le succès des méchants encourage bien des gens à devenir méchants ». Les Grecs de l'Antiquité mettent en garde aussi sur le fait qu'« épargner les méchants, c'est nuire aux gens de bien ».

Les PDG et cadres dirigeants doivent avoir un comportement exemplaire et prendre les bonnes décisions s'ils veulent que leurs subordonnés en fassent autant. La maxime de Michel Apostolius « C'est la tête du poisson qui pue en premier » a donné en français « Quand un poisson commence à pourrir, c'est toujours par la tête ».

Platon pense que « jamais les esclaves et les maîtres ne peuvent être amis ». Par ailleurs, Sénèque estime que peu de gens naissent esclaves, la plupart se rendent esclaves eux-mêmes.

Les auteurs grecs de l'Antiquité soulignent le fait que les mêmes personnes, selon les circonstances, peuvent se comporter de manière diamétralement opposée : « C'est le même soleil qui fait fondre la cire et qui durcit la boue. »

Solon (630 av. J.-C.-560 av. J.-C.) affirme que « qui se fait craindre par beaucoup, de beaucoup doit craindre ».

Réputation

Une maxime grecque dit que « l'infamie d'un seul citoyen fait la honte de la cité ».

Dans l'*Épitaphe de Périclès*, Thucydide écrit : « Des hommes illustres ont pour tombeau la terre entière ; ce n'est pas seulement une inscription sur une stèle qui, dans leur pays, rappelle leur existence :

même sur un sol étranger, sans rien d'écrit, habite un souvenir, qui s'attache à leurs sentiments plus qu'à leurs actes. »

Prise de risques

Le poète Antiphane (408 av. J.-C.-334 av. J.-C.) invite à réfléchir à la prise de risques car « mieux vaut être pauvre et sur terre ferme que riche sur mer ».

L'auteur comique Dinolochus nous invite à bien évaluer les risques avant de les prendre car « qui crache sur une fourmilière a les lèvres gonflées ».

Métier

Un proverbe grec de l'Antiquité affirme que « l'homme sans métier est l'esclave de tout le monde ».

Corruption

Dans *La République*, Platon estime que le plus vertueux des hommes, s'il dégénère, peut devenir le pire d'entre eux : « La corruption de ce qu'il y a de meilleur est le pire. »

Secret des affaires

Apostolius met en garde ceux qui parlent trop : « Le poussin sot montre volontiers où il niche. »

Convaincre

L'art de convaincre est indispensable pour faire des affaires. Pour y parvenir, comme nous l'explique le philosophe Antisthène (440 av. J.-C.-362 av. J.-C.) : « On ne doit pas contester quelqu'un qui te contredit en le contredisant, mais en cherchant à le convaincre : un fou ne peut pas être guéri par un homme qui bascule à son tour dans la folie. »

Communiquer

Diogène donne le conseil suivant : « Ne méprise pas l'orateur qui se fait comprendre du vulgaire. »

Entrer en affaires

Dans le premier livre de la *Physique*, Aristote conseille de ne « pas discuter avec quelqu'un qui nie les principes ». Extrapoler en affaires revient à dire qu'il ne faut jamais entrer en affaires avec quelqu'un qui ne respecte pas les règles du jeu.

Entreprendre

Dans *La République*, Platon nous apprend que « les plus belles entreprises sont ardues ».

Vérité

En affaires, connaître la vérité est vital. Dans l'*Éthique de Nicomaque*, Aristote affirme : « Bien que je chérisse l'un et l'autre, c'est un devoir sacré que de privilégier la vérité. » La vérité doit l'emporter sur tout, même sur l'amitié, comme le dit le proverbe : « Platon est mon ami, mais la vérité est une amie plus chère encore. »

Italie

Écologie

Dans *De finibus*, l'homme d'État Cicéron (106 av. J.-C.-43 av. J.-C.) invite le lecteur à suivre l'exemple de la nature : « *Parvo esset natura contenta* » (« La nature se contente de peu »).

Nous pourrions ajouter que la nature ne produit pas des déchets et que nous devrions faire de même. Pour réussir la révolution verte, il faudrait changer la nature de nos besoins car, comme l'explique Sénèque (4 av. J.-C.-65 apr. J.-C.), « *Is minimo eget mortalis qui minimum cupit* » (« Qui désire le moins a moins de besoins »).

Secret des affaires

Dans *Phèdre*, Sénèque conseille : « *Alium silere quod voles, primus sile* » (« Si on veut qu'un secret soit gardé par autrui, qu'on le garde d'abord soi-même »).

Savoir demander

Toujours dans *Phèdre*, il est écrit : « *Qui timide rogat, docet negare* » (« Requête timide incite au refus »).

Comme l'écrit Ambrosius Theodosius Macrobius (370-430) dans *Saturnalia*, « *Potestas… et si supplicet cogit* » (« Quand il y a un homme de pouvoir, même sa prière est un ordre »).

Corruption

Dans son œuvre *Épîtres* parue en 20 av. J.-C., Horace (65 av. J.-C.-8 av. J.-C.) considère que la devise des Romains de son temps est « *Virtus post nummos* » (« La vertu après l'argent »).

Dans les *Odes*, Horace écrit que Virgile (70 av. J.-C.-19 av. J.-C.) est « *animae dimidium meae* » (« la moitié de mon âme »). Dans l'*Énéide* de

Virgile, devant l'assassinat de Polydore, fils de Priam, Énée s'interroge : « *Quid non mortalia pectora cogis, auri sacra fames ?* » (« À quoi ne forces-tu pas le cœur de l'homme, faim maudite de l'or ? »).

Caton (234 av. J.-C.-149 av. J.-C.) arrive à la conclusion que « ceux qui volent les simples particuliers passent leur vie dans les carcans et les fers ; ceux qui volent les deniers publics vivent dans l'or et la pourpre ». Sénèque complète ce constat en écrivant : « *Sacrilegia minuta puniuntur, magna in triumphis feruntur* » (« Les petits délits sont punis, les grands sont portés en triomphe »). Cette sagesse antique se reflète en italien dans les expressions : « Qui commet un petit délit va en galère, qui commet un vol important fera carrière » ou « Les petits voleurs vont en prison, les grands vont en carrosse ».

L'or a le dernier mot : « *Auro loquente omnis oratio inanis est* » (« Quand l'or prend la parole, tout discours est vain »).

Beaucoup de gens offrent des cadeaux pour obtenir quelque chose de plus important en retour : « *Munera... misit in hamo* » (« Il m'a offert des présents... mais au bout d'un hameçon »).

Une sentence médiévale affirme : « La curie romaine ne s'occupe pas des brebis sans laine : elle écoute ceux qui ont les mains pleines, et ferme la porte à ceux qui ont les mains vides. »

Épargne

Comme l'explique le poète Publilius Syrus (85 av. J.-C.-43 av. J.-C.), « *Nullus est tam tutus quaestus quam quod habeas parcere* » (« Nul gain n'est plus sûr que celui que procure l'économie »).

Le Romain Franco Modigliani (1918-2003) a reçu le prix Nobel d'économie en 1985 pour « ses analyses pionnières de l'épargne et des marchés financiers ». Le discours qu'il a prononcé à la remise de son prix Nobel porte sur le cycle de vie, l'épargne individuelle et la richesse des nations [1].

L'hypothèse du « cycle de vie » que Modigliani développe dès 1954 stipule que les individus consomment non seulement en fonction de leur revenu comme l'indique Keynes (1883-1946), mais également en fonction de l'argent qu'ils espèrent gagner jusqu'à leur mort et de leur richesse nette. La richesse nette a des répercussions sur la consommation et évolue selon l'âge de l'individu : il s'endette pendant sa jeunesse, rembourse la dette, puis épargne pour financer sa vieillesse : « Le cycle de vie de la taille de la famille, du moins aux États-Unis, présente une forme très bosselée, assez similaire à

1. Voir https://www.nobelprize.org/uploads/2018/06/modigliani-lecture.pdf.

celle du revenu, bien qu'avec un pic un peu plus précoce. En conséquence, on pourrait s'attendre, et on le retrouve généralement, à un taux d'épargne assez constant dans la tranche d'âge médiane, mais à une épargne plus faible, voire une désépargne, chez les très jeunes ou les plus âgés. »

Ainsi, d'après Modigliani, la proportion du revenu épargné dépend plus de l'âge de l'agent économique que de son revenu ou du taux d'intérêt. Ceci implique que c'est la structure par âge de la population qui détermine le dynamisme de sa consommation et le taux de son épargne. Il considère qu'un système de retraite par répartition entraîne une baisse de l'épargne.

Dans la *Revue française d'économie*, Franco Modigliani disserte sur la corrélation entre le taux d'épargne et le taux de croissance : « Entre des pays à comportement individuel identique, le taux d'épargne global sera d'autant plus élevé qu'est important le taux de croissance à long terme de l'économie. Il sera nul pour une croissance nulle [1]. »

---

1. Franco Modigliani, « Cycle de vie, épargne individuelle et richesse des nations », dans *Revue française d'économie*, vol. 1, n° 2, 1986, p. 16-54.

Dette publique

Dès 1961, Franco Modigliani montre que si une nouvelle dépense de l'État est financée par la dette publique plutôt que par de nouveaux impôts, le gain obtenu par la génération actuelle au détriment de la génération future est en réalité une perte sèche pour la nation dans son ensemble car si l'État n'avait pas capté l'épargne pour cette nouvelle dépense, l'épargne aurait financé l'investissement.

Le déficit concerne une année alors qu'une dette est un stock ou une accumulation de déficits sur plusieurs années. C'est ainsi que Modigliani explique que « l'effet immédiat du déficit est de vous faire du bien, comme lorsque vous partez en voyage et payez plus tard. Vous vous sentez bien, puis vous avez la gueule de bois. Le déficit vous fait du bien – jusqu'à ce que vous payiez plus tard. »

Politique économique

Modigliani attire l'attention sur la différence entre économie et politique économique, qu'il ne faut pas confondre : « Les économistes sont d'accord sur l'économie – qui est une science – et ils ne sont pas d'accord sur la politique économique parce que c'est un jugement de valeur… J'ai eu de profonds désaccords sur la politique avec le célèbre Milton Friedman. Mais sur le plan économique, nous sommes d'accord. »

Romano Prodi (1939-), Premier ministre italien (1996-1998 et 2006-2008), président de la Commission européenne (1999-2004), déclare en 2002 : « L'expérience nous enseigne que les politiques erronées sont généralement appliquées pendant les périodes de vaches grasses. C'est la politique expansionniste en phase haute du cycle qui nous prive ensuite de toute marge de manœuvre lorsqu'elle est vraiment nécessaire. »

Valeur

Les contributions de Franco Modigliani concernent non seulement la macroéconomie, mais aussi la microéconomie. Il peut être considéré comme le père de l'économie financière.

Franco Modigliani travaille avec Merton H. Miller sur le financement des entreprises. En 1958, ils énoncent deux théorèmes. Le premier, connu sous le nom de Modigliani-Miller, stipule que ni le volume ni la structure de la dette n'affectent la valeur de l'entreprise, à condition que les marchés financiers fonctionnent parfaitement. Le deuxième théorème affirme que la politique de dividendes de l'entreprise n'affecte pas sa valeur sur un marché parfait. Ces théorèmes reposent sur l'hypothèse que les dirigeants d'entreprise cherchent à maximiser la valeur de l'entreprise pour les actionnaires. Ils ne maximisent pas le taux de profit, mais la valeur de marché de l'entreprise.

Plusieurs sentences latines expriment le fait que la valeur d'une marchandise ne correspond pas à son prix d'achat mais dépend de « *quanti emptorem invenerit* », « du prix auquel elle peut trouver un acquéreur ». Par ailleurs, « *Res tantum valet quantum vendi potest* » (« Une marchandise n'a de valeur que dans la mesure où on peut la vendre »).

Travail

Franco Modigliani estime qu'« une situation dans laquelle des personnes peuvent vieillir sans avoir un travail qui les récompense individuellement tout en contribuant au bien-être collectif est moralement inacceptable ».

Pauvreté

Nous retrouvons l'épigramme de Martial (40-104) : « *Semper pauper eris, si pauper es* [...]. *Dantur opes nullis nunc, nisi divitibus* » (« Tu seras toujours pauvre, si tu l'es déjà [...]. Les richesses ne se donnent maintenant qu'aux riches ») dans le proverbe français « L'eau va toujours à la rivière. » Ceci ne va pas dans le sens de la théorie du ruissellement qui voudrait qu'en réduisant les impôts des riches, lesquels utiliseraient cet argent supplémentaire pour investir dans l'économie, les classes populaires en profiteraient pour s'enrichir.

Comme l'explique le poète Juvénal, « ils ont du mal à percer, ceux dont le mérite est paralysé par l'étroitesse de leur patrimoine ».

Dans les *Fastes*, Ovide (43 av. J.-C.-18 av. J.-C.) attire l'attention sur le fait que « *Pauper ubique iacet* » (« Le pauvre est écrasé partout »).

Dans *De providentia*, Sénèque explique : « *Ignis aurum probat, miseria fortes viros* » (« L'or s'éprouve au feu, le courage dans la misère »).

Richesse

Dans son *Apologie*, Apulée (125-170) écrit : « *Neque laus in copia, neque culpa in penuria constitit* » (« L'abondance n'est pas plus honorable que la privation n'est honteuse »).

Horace souligne le fait que « *Crescentem sequitur cura pecuniam* » (« Les soucis vont de pair avec les richesses qui croissent »).

Opportunité

C'est de l'*Énéide* de Virgile que nous vient la formule « *Audaces fortuna juvat* » (« La fortune sourit aux audacieux »).

Comme le souligne Caton, l'opportunité est difficile à saisir : « *Fronte capillata est, post est Occasio calva* » (« L'Occasion a une mèche sur le front : elle est chauve derrière »).

Risque

Lors d'une crise économique, comme devant tout danger, il faut savoir prendre des risques pour s'en sortir comme le souligne le poète Publilius Syrus, amené en tant qu'esclave à Rome et affranchi par son maître pour son talent littéraire et son humour : « *Nunquam periculum sine periculo vincetur* » (« On ne vainc jamais le danger sans danger »).

Plaute (254 av. J.-C.-184 av. J.-C.) nous invite à suivre l'exemple suivant : « Prends conseil sur la souris : combien il y a de sagesse dans ce petit animal qui ne confie jamais sa destinée à un seul trou. »

Entrepreneuriat

Les vers des *Métamorphoses* d'Ovide peuvent s'appliquer à la vision d'un entrepreneur comme Gaston Gallimard, fondateur des éditions Gallimard, ou Jean-Luc Lagardère, à l'origine du groupe Airbus : « *Sors tua mortalis, non est mortale quod optas* » (« Ton destin est d'un mortel et ton ambition d'un immortel »).

Pour réussir, il nous faudra, comme Hercule, cheminer « *per aspera ad astra* » (« par des sentiers ardus jusqu'aux étoiles »).

L'industrie des loisirs

Que dirait le philosophe Sénèque de la société du loisir, du temps que nous passons sur les réseaux sociaux ou que nous dédions aux jeux vidéo ? Dans ses *Lettres*, il écrit : « *Otium sine litteris mors est et hominis vivi sepultura* » (« Le loisir sans l'étude est la mort et la mise au tombeau de l'homme vivant »).

Impôts et taxes

Deux aphorismes de l'empereur Vespasien (9-79), cités par l'historien Suétone (70-140), ont traversé les siècles. Le plus connu est « *Pecunia non olet* » (« L'argent n'a pas d'odeur »).

À l'époque de Vespasien, l'urine sert de détergent. Pour amortir les dépenses dédiées à la réalisation d'urinoirs publics, Vespasien a décidé d'en récolter l'urine afin de la vendre à ceux qui l'utilisaient comme détergent. Les Romains ont trouvé la taxation des besoins humains inadmissible et risible. Le fils de Vespasien, Titus, a fait part à son père l'empereur du mécontentement des Romains et de leurs moqueries. Vespasien lui a mis une pièce de monnaie sous le nez et lui a demandé : « A-t-elle une odeur ? » « Non », a répondu son fils. L'empereur a alors dit : « *Pecunia non olet.* » Les contestataires ont dû se taire et l'urinoir est devenu un symbole de civilisation, se répandant dans toute l'Europe sous l'impériale dénomination de « vespasienne ».

La célèbre formule a été détournée par Juvénal (55-128), dans ses *Satires*, de la manière suivante : « *Lucri bonus ex re qualibet* » (« L'odeur du profit est agréable quelle que soit sa provenance »).

Le deuxième aphorisme est une exhortation de Vespasien à ses préfets de ne pas accabler le peuple d'impôts : « *Boni pastoris est tondere pecus, non deglubere* » (« Le bon pasteur tond ses brebis, il ne les écorche pas »).

Cohésion sociale

Personne n'est une île, les difficultés économiques de la société finissent par attraper les plus prospères : « *Tua res agitur, paries cum proximus ardet* » (« Ta maison est en danger quand celle de ton voisin brûle »).

Gouvernance

Dans son roman *Le Pain et le Vin* (1939), Ignazio Silone (1900-1978) décrit une gouvernance économique d'extrême droite de la manière suivante : « Le gouvernement a un bras long et un bras court ; le long sert à prendre et arrive partout, le bras court sert à donner, mais il arrive seulement à ceux qui sont tout près. »

Les Romains comparent souvent la gouvernance avec un voyage en mer : « *Per varios casus, per tot discrimina rerum* » (« À travers bien des hasards, par tant de moments critiques »). Sénèque écrit : « *Tranquillo… quilibet gubernator est* » (« Tout le monde sait naviguer par temps calme »).

Comme le souligne le fameux juriste Ulpien (170-223), préfet du prétoire, « dans les contrats les clauses d'usage sont présentes même si elles ne sont pas mentionnées ». Cette maxime est à garder à l'esprit lors du développement à l'international afin de ne pas contrarier les partenaires en affaires et de s'assurer une croissance pérenne et rentable.

Dans le sixième livre de l'*Énéide*, Anchise décrit ainsi la manière de gouverner des Romains : « *Parcere subiectis et debellare superbos* » (« Épargner les humbles, désarmer les prétentieux »).

Un adage médiéval en latin affirme : « *Laedere facile, mederi difficile* » (« Faire du mal est facile, y remédier est difficile »).

Motiver est indispensable pour réussir dans son entreprise comme l'explique Plaute : « *Stultitiast... venatum ducere invitas canes* » (« Il est stupide de mener à la chasse les chiens malgré eux »).

Comme l'expose Publilius Syrus, « *Deliberandum est diu, quod statuendum est semel* » (« On doit délibérer longtemps sur ce qu'on veut résoudre une fois pour toutes »).

Sénèque attire notre attention sur le fait qu'« un compagnon au naturel mauvais en se frottant à l'âme la plus pure et la plus sincère finit toujours par y attacher sa rouille ».

Ressources humaines

Quintus Ennius (239 av. J.-C.-169 av. J.-C.), considéré comme le père de la poésie latine, avertit : « *Quem metuunt odere : quem quisque odit, periisse expetit* » (« Celui que l'on craint, on le hait : et celui que l'on hait, on souhaite le voir périr »).

Nous devons à Pétrone le proverbe : « *Qualis dominus talis et servus* » (« Tel maître, tel valet »).

Le coefficient de Gini

Corrado Gini (1884-1965) est un statisticien, démographe, ethnologue et sociologue né en Vénétie. Il a donné son nom au coefficient de Gini, ou simplement Gini. C'est un nombre qui se situe entre 0 (égalité parfaite – tout le monde a la même chose) et 1 (inégalité parfaite, avec une personne qui a tout). Il mesure l'écart de distribution des revenus par rapport à l'égalité parfaite.

Argent

Dans les *Épîtres*, Horace nous avertit que « *Imperat aut servit collecta pecunia cuique* » (« L'argent amassé est soit notre tyran soit notre esclave »).

Un proverbe en latin médiéval rendu célèbre par Rabelais (1483-1553), qui l'a repris dans *Gargantua et Pantagruel*, affirme : « *Deficiente pecunia, deficit omne* » (« Lorsque l'argent fait défaut, tout fait défaut »).

L'écrivain Pétrone, *arbiter elegantiarum*, c'est-à-dire représentant la plus haute autorité en matière de raffinement à qui l'empereur Néron lui-même demandait conseil, écrit le vers suivant : « *Quisquis habet nummos secura navigat aura* » (« Quiconque a de l'argent naviguera toujours avec la bonne brise »).

Paradoxalement, plus on a d'argent, plus on en veut, comme l'énonce Juvénal : « *Crescit amor nummi, quantum ipsa pecunia crevit* » (« L'amour des écus grandit autant que se multiplie l'argent »).

Investissement

Comme l'explique Plaute dans l'*Asinaria*, tout gain nécessite un investissement préalable : « *Necesse est facere sumptum, qui quaerit lucrum* » (« Pour gagner, il faut savoir dépenser »).

Succès

La phrase « Il est plus facile de critiquer que d'imiter quelqu'un », placée en épigraphe à une œuvre du peintre Zeuxis (464 av. J.-C.-398 av. J.-C.), exprime bien l'attitude européenne face au succès.

Dans ses *Odes*, Horace avertit que « *Feriuntque summos / fulgura montes* » (« La foudre frappe les monts les plus hauts »).

Dans le même ordre d'idées, Publilius Syrus estime que « *Excelsis multo facilius casus nocet* » (« Le hasard nuit plus souvent à ce qui est élevé »).

Chute

Pierre Chrysologue (380-450), archevêque de Ravenne, considère que « plus un homme monte haut et plus dure sera sa chute ».

Fortune

D'après Publilius Syrus, « *Fortuna vitrae est : tum cum splendet frangitur* » (« La fortune est semblable au verre : plus elle est brillante et plus elle se brise »).

Martial considère que « *Fortuna multis dat nimis, satis nulli* » (« La fortune donne trop à bien des gens, assez à personne »).

Fusions-acquisitions

Lors d'une fusion-acquisition, la cible peut avoir un savoir-faire, une culture d'entreprise si forte qu'elle peut les imposer à l'acquéreur en le transformant. De la même manière, Horace explique que la culture grecque a conquis « le rustique Latium » : « *Graecia capta ferum victorem cepit* » (« La Grèce conquise a conquis son farouche vainqueur »).

Dans ses satires, Varron (116 av. J.-C.-27 av. J.-C.) rappelle la loi du plus fort qui fait que « le gros poisson mange souvent le petit ».

Establishment

D'après Ovide, « c'est la richesse qui procure les honneurs ». Il affirme aussi que la porte de la curie [1] reste close pour les pauvres.

Horace estime que « plaire aux grands n'est pas un mérite à dédaigner ».

Réputation

D'après Publilius Syrus, « *Damnum appellandum est cum mala fama lucrum* » (« Un gain acquis avec

1. Par « curie », il faut comprendre une réunion d'hommes importants.

une mauvaise réputation doit plutôt être appelé perte »).

Dans son livre *La Science nouvelle* (1744), Giambattista Vico (1668-1744), philosophe et historien napolitain, évoque la dynamique de la réputation : « *Fama crescit eundo* » (« La renommée en allant acquiert des forces »). Il synthétise ainsi un fameux passage de l'*Énéide* de Virgile : « La Renommée prend vigueur par le mouvement et en allant acquiert des forces. »

L'*Énéide* est un poème épique en douze chants, commencé en 29 av. J.-C. et publié inachevé sur l'ordre de l'empereur Auguste (63 av. J.-C.-14 av. J.-C.) après la mort du poète et contre sa volonté. Par ailleurs, Auguste a nommé le huitième mois de l'année d'après son nom et a tenu à ce qu'il ait le même nombre de jours que juillet pour égaler l'illustre Jules César (100 av. J.-C.-44 av. J.-C.). Toujours dans l'*Énéide*, la renommée est décrite comme « un mal plus que tout autre prompt ».

Le poète Perse (34-62) estime qu'« il est beau d'être montré du doigt et d'entendre dire : *hic est* ("c'est lui") ».

Pour Ovide, l'argent et les honneurs sont transitoires, il n'y a que la réputation qui est éternelle. Pour cette raison : « *Omnia si perdas famam servare memento !* » (« Si tu perds tout, pense à sauver ta réputation ! »).

Aide

Publilius Syrus insiste sur la nécessité d'aider rapidement en cas de besoin : « *Bis dat, qui dat celeriter* » (« C'est donner deux fois que de donner rapidement »).

Sénèque met en garde sur le fait que nos obligés ne sont pas forcément nos amis : « *Leve aes alienum debitorem facit, grave inimicum* » (« Un petit prêt d'argent engendre un débiteur, un gros prêt un ennemi »).

Persévérance

Le poète pompéien Lucrèce (94 av. J.-C.-54 av. J.-C.) rappelle l'efficacité de la persévérance et de la patience : « *Gutta cavat lapidem* » (« La goutte creuse la pierre »).

Dans *De agri cultura*, Palladius (IVe siècle) explique que lorsque les travaux des champs l'exigent, il est nécessaire de continuer à travailler sans prendre des jours de repos : « *Necessitas feriis caret* » (« La nécessité ne connaît pas de jours fériés »).

Comme l'écrit Sénèque, il faut continuer à faire le bien après l'ingratitude d'une personne : « *Et post malam segetem serendum est* » (« Il faut semer, même après une mauvaise récolte »). Cette expression est souvent utilisée pour nous inviter à persévérer face à l'adversité.

Une expression latine nous apprend que « *Patior ut potiar* » (« L'endurance mène à la maîtrise »).

Publilius Syrus nous invite à ne pas nous endormir sur nos lauriers car ils se fanent : « *Laus nova nisi oritur, etiam vertus amittitur* » (« Si l'on n'acquiert pas une nouvelle gloire, on perd l'ancienne »).

Dans *De lege agraria*, Cicéron met en garde sur le fait que personne n'est à l'abri de la grande tentation de se reposer après plusieurs victoires avant de livrer la bataille finale qui nécessite de rassembler toutes ses forces. Pour réussir, il faut enchaîner les combats sans relâche. Il prend comme exemple Hannibal qui, en 218 av. J.-C., après avoir arraché victoire sur victoire aux Romains, se repose à Capoue après la bataille de Cannes (dans les Pouilles actuelles) du 2 août 216 av. J.-C., devenue un classique étudié dans toutes les écoles militaires : « *Hannibalem ipsum Capua corrupit* » (« Hannibal lui-même s'est laissé corrompre par Capoue »). Après les délices de Capoue, Hannibal s'est rendu sous les murs de Rome qu'il ne réussit pas à conquérir. Tout entrepreneur peut témoigner que, pour réussir, il faut persévérer sans relâche.

Capitaliser

En faisant référence à la bataille de Cannes, Tite-Live insiste sur le fait qu'il ne suffit pas de vaincre ; encore faut-il utiliser la victoire : « *Vincere scis, Hannibal, victoria uti nescis* » (« Tu sais vaincre, Hannibal, mais tu ne sais pas tirer profit de la victoire ! »).

Timing

Dans la *Vie d'Auguste*, Suétone nous invite à faire les choses sans retard, avec calme et sagesse : « *Festina lente* » (« Hâte-toi lentement »).

Par ailleurs, dans l'*Histoire d'Alexandre le Grand*, l'historien romain Quinte-Curce (Ier siècle) attire notre attention sur le fait que « *Festinatio tarda est* » (« La hâte est déjà un retard »).

Juvénal invite à la réflexion et à la prudence avant d'agir car « *Galeatum sero duelli / paenitet* » (« Casque en tête, il est trop tard pour ne plus vouloir combattre »).

Néanmoins, comme le souligne Plaute, en cas de danger, il faut savoir réagir tant qu'il est temps : « *Folia nunc cadunt / praeut si triduom hoc hic erimus : tum arbores in te cadent* » (« Ce ne sont encore que des feuilles qui tombent, en comparaison de ce que ce sera dans trois jours si nous restons ici ; car ce seront alors des arbres qui tomberont sur toi »).

Comme l'écrit Ovide dans les *Pontiques*, dans une situation désespérée, quand nous nous débattons pour survivre, nos choix de secours ne sont plus rationnels, mais illusoires : « Celui qu'emporte la mer déchaînée tend les bras et s'agrippe aux épines ou aux écueils hostiles. » D'où l'importance d'agir avant de se retrouver dans cette situation.

Nous retrouvons ce distique dans des expressions françaises : « Un homme qui se noie s'accroche à toute branche », ou « Un noyé s'accroche à un fétu de paille », ou encore « Un noyé s'accroche à un brin d'herbe ».

Dans *Naturalis historia*, Pline l'Ancien (23-79, mort lors de l'éruption du Vésuve) insiste sur la nécessité d'agir à temps afin de réussir : « Le grain semé au moment juste déçoit souvent, mais le grain semé trop tard ne trahit jamais les pires des prévisions. »

Dans la *Pharsale* de Lucain (39-65), Caius Curion incite César à ne plus attendre de franchir le Rubicon : « *Tolle moras : semper nocuit differre paratis* » (« Supprime tout retard : il est toujours nuisible de différer quand on est prêt »).

Adversité

Ammien Marcellin (330-395) rappelle que de belles choses s'épanouissent au milieu de l'adversité : « *Inter vepres rosae nascuntur* » (« Les roses naissent au milieu des épines »).

Dans les *Métamorphoses*, Ovide nous apprend que « *Fas est et ab hoste doceri* » (« On peut recevoir des leçons, même d'un ennemi »).

Un proverbe médiéval invite à réfléchir à la manière dont nous nous positionnons dans l'adversité : « Qui se fait brebis, le loup le mange. »

Pays dominant

Quand on parle du pays dominant actuel, on parle des États-Unis, pas de Washington. Quand l'Empire romain était la première puissance mondiale, on parlait de Rome. L'empereur Dioclétien (244-311), qui régna entre 284 et 305, a fait inscrire sur sa couronne : « *Caput mundi regit orbis frena rotundi* » (« La capitale du monde tient les rênes de l'orbe terrestre »). *Roma aeterna*, Rome éternelle, signifiait à l'époque qu'elle devait servir de guide au monde.

Stratégie

Ovide nous explique qu'« on ne peut vaincre un fleuve en nageant à contre-courant ».

Les annonces de politique monétaire

Les annonces de politique monétaire des banques centrales sont aussi des engagements relatifs aux décisions à venir. Elles s'inscrivent dans une stratégie de gestion des anticipations des acteurs économiques. Elles font partie des instruments non conventionnels de politique monétaire au même titre que l'approvisionnement en liquidité, les programmes d'achats de titres et l'assouplissement quantitatif.

En 2012, lors de la crise de la dette souveraine, pour rétablir la confiance dans l'euro sur les marchés, Mario Draghi (1947-), président de la Banque centrale européenne (2011-2019), affirme que l'Eurosystème fera tout ce qu'il faut pour sauver l'euro.

Il ajoute : « Et croyez-moi, ce sera suffisant [1] ! » Le programme d'achat illimité de dette publique n'a pas eu à être utilisé car ses mots ont instauré instantanément la confiance.

Fascisme

La dynamique institutionnelle qui a porté le fascisme et le nazisme au pouvoir en Italie et en Allemagne est aujourd'hui peu étudiée et enseignée. Dans son discours de 1995, prononcé pour les cinquante ans de la libération de l'Europe [2], Umberto Eco (1932-2016) dénonce certains aspects du management actuel des entreprises, le sexisme, le refus de l'esprit critique, l'appauvrissement du vocabulaire pour restreindre le raisonnement et la critique qui relèvent du fascisme. Il considère que « Mussolini n'avait aucune philosophie : il n'avait qu'une rhétorique ».

Dans *Reconnaître le fascisme*, qui reprend ce discours, Umberto Eco établit une liste de caractéristiques de ce qu'il appelle « l'Ur-fascisme, c'est-à-dire

1. Voir https://www.youtube.com/watch?v=W97hM8eCE5g.
2. Umberto Eco, *Reconnaître le fascisme* [1995], Grasset, 1997.

le fascisme primitif et éternel. Impossible d'incorporer ces caractéristiques dans un système, beaucoup se contredisent réciproquement et sont typiques d'autres formes de despotisme ou de fanatisme. Mais il suffit qu'une seule d'entre elles soit présente pour faire coaguler une nébuleuse fasciste. »

Il énumère quatorze caractéristiques :

1. « La première caractéristique d'un Ur-fascisme, c'est le *culte de la tradition*. […]

2. Le traditionalisme implique *le refus du modernisme*. […] En ce sens, l'Ur-fascisme peut être défini comme *irrationalisme*.

3. L'irrationalisme dépend aussi du culte de l'*action pour l'action*. […] Penser est une forme d'émasculation. Ainsi, *la culture est suspecte*, puisqu'on l'identifie à une attitude critique. […]

4. Pour l'Ur-fascisme, *le désaccord est trahison*. […]

5. *peur de la différence* […].

6. L'Ur-fascisme naît de la frustration individuelle ou sociale. Aussi l'une des caractéristiques typiques des fascismes historiques est-elle *l'appel aux classes moyennes frustrées*, défavorisées par une crise économique ou une humiliation politique, épouvantées par la pression de groupes sociaux inférieurs. […]

7. *nationalisme* […]. »

Umberto Eco poursuit :

8. « […] *les ennemis sont à la fois trop forts et trop faibles*. […]

9. *Le pacifisme est alors une collusion avec l'ennemi* ; le pacifisme est mauvais car *la vie est une guerre permanente.* [...] il devra y avoir une bataille finale, à la suite de laquelle le mouvement prendra le contrôle du monde. Cette *solution finale* implique qu'il s'ensuivra une ère de paix, un Âge d'or venant contredire le principe de guerre permanente. »

10. Umberto Eco explique que le fascisme implique « le mépris pour les faibles » et un « *dominateur* » pour les masses : « Comme le groupe est organisé hiérarchiquement (selon un modèle militaire), chaque leader subordonné méprise ses subalternes, lesquels méprisent à leur tour leurs inférieurs. Tout cela renforce le sentiment d'un élitisme de masse.

11. Dans cette perspective, *chacun est éduqué pour devenir un héros.* »

12. Umberto Eco démontre que « le *machisme* trouve son origine dans le fascisme.

13. Pour l'Ur-fascisme, les individus en tant que tels n'ont pas de droits, et le "peuple" est conçu comme une qualité ; une entité monolithique exprimant la "volonté commune". Notre avenir voit se profiler un *populisme qualitatif télé ou Internet*, où la réponse émotive d'un groupe sélectionné de citoyens peut être présentée et acceptée comme "la voix du peuple".

14. Tous les textes scolaires nazis ou fascistes se fondaient sur un lexique pauvre et une syntaxe élémentaire, afin de limiter les instruments de raisonnement complexe et critique. »

France

Après que les Romains eurent essayé de bâtir une Europe économique et politique où tous les chemins mènent à Rome, l'idée d'une Europe économique fédérale commence à émerger dès la Renaissance, qui a fait renaître l'Europe antique de ses cendres. À cette époque, l'unité de la civilisation européenne est déjà une évidence.

Comme cette période est suivie par le long règne (1643-1715) de Louis XIV (1638-1715), les idées économiques françaises s'imposent au niveau mondial, avant que les idées anglo-saxonnes ne prennent le pas au cours des siècles suivants.

Mille ans après Charlemagne (768-814), roi des Francs et empereur d'Occident (800) à l'image des empereurs romains après Constantin (272-337), Napoléon Bonaparte (1769-1821) rêve de prendre sa suite. Il se fait couronner en 1804 avec les joyaux de la couronne de Charlemagne empruntés à la cathédrale d'Aix-la-Chapelle, construite pendant le règne de Charlemagne, qui y fut inhumé en 814. Au grand étonnement de tous, Napoléon rend les joyaux à la cathédrale après son couronnement.

Mais son rêve centralisateur européen sous l'égide de la France n'est pas celui de ses contemporains. Les protagonistes de la Révolution française, dont Talleyrand (1754-1838), rêvent d'une fraternité européenne. Dans *Le Moniteur* du 26 août 1790, Mirabeau (1749-1791) déclare : « Le temps viendra où l'Europe ne sera qu'une seule famille, alors se consommera le pacte de fédération du genre humain. »

Ce sont leurs idéaux européens et républicains qui forgent la suite de l'histoire française dans une Europe fédérale. Napoléon lui-même admet qu'« il n'y a que deux puissances au monde, le sabre et l'esprit : à la longue, le sabre est toujours vaincu par l'esprit ».

Le fait que, lors du Congrès de Vienne (1814-1815), Talleyrand arrive à négocier avec les autres Européens vainqueurs et obtienne que la France ne perde pas grand-chose alors qu'elle a perdu la guerre est bénéfique à la construction européenne.

Contrairement au Congrès de Vienne, le traité de Versailles (1919) fait payer un lourd tribut au vaincu européen, ce qui aboutit à une nouvelle guerre mondiale et à l'ébranlement de la construction européenne. L'Europe économique renaît de ses cendres à travers l'Union européenne, fondée sur le couple franco-allemand avec la bénédiction de Churchill (1874-1965), qui affirme dans son discours du 16 septembre 1946 : « J'en viens maintenant à une déclaration qui va vous étonner. Le premier pas vers la création de la famille européenne doit consister à faire de la France et de l'Allemagne des partenaires. Seul ce moyen peut permettre à la France de reprendre la conduite de l'Europe. On ne peut pas s'imaginer une renaissance de l'Europe sans une France intellectuellement grande et une Allemagne intellectuellement grande. »

Son discours se termine avec l'évocation d'une nouvelle Europe, fondée sur le couple franco-allemand qui défend le droit à la vie et à la prospérité.

Quant à Charles de Gaulle, il considère qu'« en marchant vers l'unité de l'Europe, on marche dans le sens de l'histoire [1] ».

---

1. Charles de Gaulle, *Discours et Messages, t. II : Dans l'attente (1946-1958)*, Paris, Plon, 1970.

Monnaie

Dans son *Traictie de la première invention des monnoies* (1355), Nicolas Oresme (1320-1382) considère que la monnaie n'appartient pas au prince, mais au « peuple des marchands ». Ainsi, le prince ne devrait pas diminuer la teneur en métal des monnaies qui provoque la hausse des prix et nuit aux échanges commerciaux, mais il devrait faire « bonne yconomie [1] ».

Émeric Crucé (1590-1648) est le premier à écrire sur les bienfaits d'une unité de monnaie commune à tous les pays européens pour le commerce. « Il est nécessaire que les Princes d'un commun consentement réduisent les monnaies à un même pied, afin que chacun puisse contracter partout sans dommage [2]. »

Dans *Mes pensées*, Montesquieu (1689-1755) est le premier à évoquer le patriotisme humaniste européen, qui apparaît en réalité beaucoup plus tôt, avec la chute de Constantinople en 1453, année qui correspond aussi à la fin de la guerre de Cent Ans. Pour beaucoup d'Européens, il devient clair que, sans cette guerre, Constantinople aurait pu être sauvée.

---

1. Orthographe du XIVe siècle.
2. Émeric Crucé, *Le Nouveau Cynée*, 1623.

Montesquieu écrit : « Si je savais quelque chose qui me fût utile et qui fût préjudiciable à ma famille, je la rejetterais de mon esprit. Si je savais quelque chose qui serait utile à ma famille et qui ne le fût pas à ma patrie, je chercherais à l'oublier. Si je savais quelque chose utile à ma patrie et qui fût préjudiciable à l'Europe et au genre humain, je la regarderais comme un crime. »

Jean-Baptiste Say (1767-1832) considère la monnaie neutre pour le fonctionnement de l'économie : « L'argent n'est que la voilure de la valeur des produits. » Pour lui, elle est seulement un moyen d'échange, plus efficace que le troc : « Pourquoi désirez-vous cet argent ? N'est-ce pas dans le but d'acheter des matières premières pour votre industrie, ou des comestibles pour votre bouche ? »

Banque centrale

La Banque de France voit le jour le 18 janvier 1800. L'arrêté extrait des registres des délibérations des Consuls de la République du 28 nivôse an VIII de la République stipule : « Les opérations de la Banque consisteront à escompter des lettres de change et billets à ordre [...] et à émettre des billets payables au porteur à vue. [...] Ces billets seront émis dans des proportions telles, qu'au moyen du numéraire réservé dans les caisses de la Banque, et des échéances de papier de son portefeuille, elle ne puisse dans aucun temps être exposée à différer le payement de ses engagements. »

La France enclenche subséquemment le passage de la monnaie métallique à la monnaie fiduciaire, avec comme exigence le refus de l'inflation. Cette fois-ci, l'opération est couronnée de succès. Il ne s'agit pas de la première tentative ! Au XVIIIe siècle, la France a essayé à deux reprises de se doter d'un établissement d'émission de billets de banque à travers la Banque générale devenue Banque royale (1716-1720) de Law et la Caisse d'escompte (1776) de Turgot (1727-1781). L'effondrement de la banque de Law à cause d'une émission trop massive de billets et de la spéculation a eu un tel retentissement qu'il a fallu attendre deux générations avant que la méfiance de la population baisse suffisamment pour rendre possible la création d'un nouvel établissement.

Isaac Panchaud, né à Londres en 1737 et mort à Auteuil le 14 juillet 1789, convainc Turgot de créer en France l'équivalent de la Banque d'Angleterre afin de bénéficier de la même solidité financière. Panchaud dit que « l'argent est le sang de l'économie ». La Caisse d'escompte est fondée ainsi en

1776. Mais la hausse exponentielle de la dette de la France la met en difficulté. En même temps, à côté des effets de commerce qu'elle avait escomptés, son portefeuille était constitué d'une part croissante d'effets publics. Fin 1789, la Constituante fait émettre des assignats par une Caisse de l'Extraordinaire et interdit à la Caisse d'escompte toute nouvelle émission de billets en la contraignant à une liquidation progressive. Un décret du 24 août 1793 entérine sa suppression.

Jean-Frédéric Perregaux (1744-1808), banquier et actionnaire de la Caisse d'escompte, convainc le Directoire de créer la Caisse des comptes courants. Il propose par la suite au Premier consul de transformer cette caisse en une banque centrale de modèle anglais. C'est ainsi que naît la Banque de France, dont le succès vaut à Perregaux son entrée au Panthéon.

Euro

Victor Hugo (1802-1885) imagine déjà ce que sera une « monnaie continentale ». Autrement dit, d'emblée, le Royaume-Uni n'était pas inclus dans la zone monétaire européenne : « Une monnaie continentale [...] ayant pour point d'appui le capital Europe tout entier et pour moteur l'activité libre de deux cents millions d'hommes. Cette monnaie unique remplacerait et résorberait toutes les absurdes variétés monétaires d'aujourd'hui, effigies de princes, figures de misères, variétés qui sont autant de causes d'appauvrissement. »

Jacques Rueff (1896-1978), un grand économiste français, est convaincu que « l'Europe se fera par la monnaie ou ne se fera pas ».

Développement durable

Antoine de Saint-Exupéry nous invite à ne pas oublier que « nous n'héritons pas de la terre de nos parents, nous l'empruntons à nos enfants [1] ».

Travail

Dans *Candide* (1759), Voltaire (1694-1778) écrit que « le travail éloigne de nous trois maux : l'ennui, le vice et le besoin ».

1. Antoine de Saint-Exupéry, *Terre des hommes*, Paris, Gallimard, 1972.

Prévisions économiques

François Ier (1494-1547) considère que « Paris n'est pas une ville, c'est un pays ». Cette affirmation deviendra de plus en plus juste.

En 1863, Jules Verne a trente-cinq ans et écrit *Paris au XXe siècle*. Il décrit un Paris sillonné de voitures à hydrogène, d'autos et de trains à air comprimé « avec une fantastique rapidité » : « Ces diverses améliorations convenaient bien à ce siècle fiévreux, où la multiplicité des affaires ne laissait aucun repos et ne permettait aucun retard. [...] [M]ais les hommes de 1960 n'en étaient plus à l'admiration de ces merveilles ; ils en profitaient tranquillement, sans être plus heureux, car à leur allure pressée, à leur démarche hâtive, à leur fougue américaine, on sentait que le démon de la fortune les poussait en avant sans relâche ni merci. »

Jules Verne prévoit le développement d'Internet et la financiarisation de l'économie : « Mais qui songe à s'amuser ? Ennuyons-nous les uns les autres ! Voilà la règle !

– N'y a-t-il donc aucun remède à cela, demanda Michel.

– Aucun, tant que régneront la finance et la machine ! Et encore, j'en veux surtout à la machine ! »

Jules Verne décrit la concentration de l'économie et de la population dans les mégapoles modernes, notamment dans un Grand Paris de 5 millions d'habitants : « La délimitation de la capitale actuelle se trouvait marquée par les forts du Mont-Valérien, de Saint-Denis, d'Aubervilliers, de Romainville, de Vincennes, de Charenton, de Vitry, de Bicêtre, de Montrouge, de Vanves et d'Issy ; [...] elle avait dévoré le département de la Seine tout entier. »

Jules Verne évoque une société parisienne dans laquelle « à force de multiplier les succursales de l'Université, les lycées, les collèges, les écoles primaires, les pensionnats de la doctrine chrétienne, les cours préparatoires, les séminaires, les conférences, les salles d'asyle, les orphelinats, une instruction quelconque avait filtré jusqu'aux dernières couches de l'ordre social. Si personne ne lisait plus, du moins tout le monde savait lire, écrire, même. »

Le français, qui faisait désormais partie des « langues anciennes » à côté du latin et du grec, qui « étaient non seulement des langues mortes, mais enterrées », est remplacé par le chinois pour le discours officiel de la rentrée universitaire du plus grand établissement académique parisien, qui a le monopole de l'enseignement non seulement à Paris, mais aussi en province.

Il prévoit aussi que « le fonctionnarisme se développ[e] sous toutes les formes possibles ». « On en compte dix millions en France, calcule les chances d'avancement et prend la file ! » D'après l'Insee, fin 2019, 5,66 millions de salariés, soit un salarié sur cinq, travaillent dans la fonction publique [1], contre un sur neuf en Allemagne. C'est certes moins que ce que Jules Verne a prévu en 1863, mais il a eu raison concernant la dynamique de développement du « fonctionnarisme ». Une dynamique qui se poursuit. À titre d'exemple, les effectifs publics progressent de 36,3 % entre 1980 et 2007 alors qu'au total l'emploi n'a progressé que de 16,4 % pour la même période. L'emploi public connaît l'évolution inverse dans des pays comme l'Allemagne pour la même période.

Richesse

Jean Bodin considère qu'« il n'est de richesse ni de force que d'hommes [2] ».

Dans *Béatrix* (1839), Honoré de Balzac (1799-1850) fait remarquer que « quand l'avarice se propose un but, elle cesse d'être un vice, elle est le moyen d'une vertu ».

1. Nathalie Donzeau, Yannig Pons, « En 2019, l'emploi augmente dans les trois versants de la fonction publique », étude de l'Insee, 2021 (en ligne : https://www.insee.fr/fr/statistiques/5232488#titre-bloc-13).
2. Jean Bodin, *Les Six Livres de la République*, 1576.

François Quesnay (1694-1774) est l'un des premiers à se qualifier d'économiste alors qu'il est aussi chirurgien du roi. Il définit ce qui constitue la richesse d'une nation – à une époque où l'agriculture était la principale activité économique – de la manière suivante : « Pauvres paysans, pauvre royaume ; pauvre royaume, pauvre roi. »

Dans *Lettres philosophiques* (1734), Voltaire fait remarquer qu'« il a fallu des siècles pour rendre justice à l'humanité, pour sentir qu'il est horrible que le grand nombre semât et que le petit nombre recueillît ». Il y écrit aussi : « On a trouvé, en bonne politique, le secret de faire mourir de faim ceux qui, cultivant la terre, font vivre les autres. »

Pauvreté

Dans *Voyage au bout de la nuit* (1932), Louis-Ferdinand Céline (1894-1961) écrit : « Presque tous les désirs du pauvre sont punis de prison. »

Dans *L'Assommoir* (1877) d'Émile Zola (1840-1902), Gervaise décrit son idéal de femme pauvre : « Mon idéal, ce serait de travailler tranquille, de manger toujours du pain, d'avoir un toit un peu propre pour dormir, un lit, une table et deux chaises, pas davantage. »

Le plus grand financier et diplomate de France, Talleyrand, ministre des Relations extérieures de Napoléon Ier, ministre des Affaires étrangères de Louis XVIII, négociateur au nom de la France au Congrès de Vienne, affirme que « les mécontents, ce sont des pauvres qui réfléchissent [1] ».

Esther Duflo (1972-), la première femme française à obtenir le prix Nobel d'économie en 2019, écrit : « Lorsque le développement économique contribue à réduire la pauvreté, la condition féminine s'améliore donc pour deux raisons : d'une part lorsque la pauvreté diminue, les conditions de tous, y compris celle des femmes, s'améliorent. D'autre part, l'inégalité entre les sexes s'amenuisant à mesure que la pauvreté décroît, le développement conduit à une amélioration de la condition des femmes plus grande que celle des hommes [2]. »

Elle ajoute : « Ni le développement économique ni l'amélioration de la condition des femmes ne constituent une solution miracle. Pour atteindre l'égalité entre les sexes, il restera indispensable de

---

1. Charles-Maurice de Talleyrand, *Charles-Maurice de Talleyrand en verve. Mots, propos, aphorismes* (1754-1838), Paris, Albin Michel, 2020.

2. Esther Duflo, « Égalité des sexes et développement », dans *Le Livre noir de la condition des femmes*, Paris, XO, 2006.

continuer à adopter des mesures politiques qui favorisent spécifiquement les femmes aux dépens des hommes, et sans doute pendant longtemps[1]. »

Impôts

Contrôleur général des Finances pendant dix-huit ans, Jean-Baptiste Colbert (1669-1683) estime que « tout l'art du bon gouvernement consiste à plumer l'oie de façon à obtenir le maximum de plumes avec le minimum de cris ».

Comme l'explique Jean-Baptiste Say, figure de proue de l'École Supérieure de Commerce de Paris (ESCP BS), dans le *Traité d'économie politique* (1803), « une diminution d'impôts, en multipliant les jouissances du public, augmente les recettes du fisc ».

Après avoir fait ses études à l'ESCP BS, Joseph Garnier (1813-1881) y est devenu professeur et directeur des études. Il a également été membre fondateur de la Société d'économie politique en 1842. Dans un article du *Dictionnaire de l'économie politique* (1852) de Charles Coquelin, il écrit : « Du latin, le mot fisc a passé aux langues modernes ; il y désigne le trésor public pour ainsi dire personnifié,

1. *Id.*

et aussi l'administration chargée de la conservation de ses droits ; mais on dit d'une administration qui exerce ses fonctions avec une rigueur avide qu'elle est fiscale, qu'elle agit avec fiscalité, c'est-à-dire qu'elle considère trop les contribuables comme des adversaires ou comme des gens taillables ou corvéables à merci. »

Sébastien Le Prestre, marquis de Vauban (1633-1707), considère que « trop de taxes ne font point bonnes recettes ».

L'humoriste Alphonse Allais (1854-1905) estime qu'« il faut demander plus à l'impôt et moins au contribuable ».

Offre

Pour Jean-Baptiste Say, dans son *Traité d'économie politique*, « toute offre crée sa propre demande, par les revenus qu'elle distribue », et « c'est la production qui ouvre des débouchés aux produits » car « un produit terminé offre, dès cet instant, un débouché à d'autres produits pour tout le montant de sa valeur », de même que « l'achat d'un produit ne peut être fait qu'avec la valeur d'un autre ». « Cela étant ainsi, d'où vient, demandera-t-on, cette quantité de marchandises qui, à certaines époques, encombrent la circulation, sans pouvoir trouver d'acheteurs ? Pourquoi ces marchandises ne s'achètent-elles pas les unes les autres ? Je répondrai que des marchandises qui ne se vendent pas, ou qui se vendent à perte, excèdent la somme des besoins qu'on a de ces marchandises, soit parce qu'on en a produit des quantités trop considérables, soit plutôt parce que d'autres productions ont souffert. »

Il complète : « Certains produits surabondent, parce que d'autres sont venus à manquer. Autrement dit, beaucoup de gens ont moins acheté, parce qu'ils ont moins gagné ; et ils ont moins gagné, parce qu'ils ont trouvé des difficultés dans l'emploi de leurs moyens de production, ou bien parce que ces moyens leur ont manqué. »

Finance

Pour Talleyrand, « les financiers ne font bien leurs affaires que lorsque l'État les fait mal [1] ». « Qui n'a pas les moyens de ses ambitions a tous les soucis [2]. » « Ce ne sont pas les dupes qui manquent, ce sont les charlatans [3]. »

---

1. Charles-Maurice de Talleyrand, *Charles-Maurice de Talleyrand en verve*, *op. cit.*
2. *Id.*
3. *Id.*

Dans son roman *L'Argent* (1892), Émile Zola fait créer par son héros Saccard la Banque universelle. C'est un très grand succès à ses débuts. « L'argent liquide qui coule, qui pénètre partout… » La finance irrigue l'économie mais, à cause d'escroqueries, elle devient toxique, la banque fait faillite et les clients perdent leur argent. Néanmoins, à la fin du livre, Zola arrive à la conclusion suivante : « L'argent jusqu'à ce jour était le fumier dans lequel poussait l'humanité de demain. L'argent, empoisonneur et destructeur, devenait le ferment de toute végétation sociale, le terreau nécessaire aux grands travaux qui facilitent l'existence. »

Bourse

Dans *L'Argent*, Zola décrit la fièvre des marchés, de la bourse qui, en 1891, lorsqu'il publie son roman, n'est pas encore dématérialisée : « Un instant, il resta frémissant, au bord du trottoir. C'était l'heure active où la vie de Paris semble affluer sur cette place centrale, entre la rue Montmartre et la rue Richelieu, les deux artères engorgées qui charrient la foule. Des quatre carrefours, ouverts aux quatre angles de la place, des flots ininterrompus de voitures coulaient, sillonnant le pavé, au milieu des remous d'une cohue de piétons. »

Le bal des fiacres et des gens est incessant : « Sans arrêt, les deux files de fiacres de la station, le long des grilles, se rompaient et se reformaient ; tandis que, sur la rue Vivienne, les victorias des remisiers s'allongeaient en un rang pressé, qui dominaient les cochers, guides en main, prêts à fouetter au premier ordre. Envahis, les marches et le péristyle étaient noirs d'un fourmillement de redingotes ; et, de la coulisse, installée déjà sous l'horloge et fonctionnant, montait la clameur de l'offre et de la demande, ce bruit de marée de l'agio, victorieux du grondement de la ville. »

La bourse fascine : « Des passants tournaient la tête, dans le désir et la crainte de ce qui se faisait là, ce mystère des opérations financières où peu de cervelles françaises pénètrent, ces ruines, ces fortunes brusques, qu'on ne s'expliquait pas, parmi cette gesticulation et ces cris de barbares. Et lui, au bord du ruisseau, assourdi par les voix lointaines, coudoyé par la bousculade des gens pressés, il rêvait une fois de plus à la royauté de l'or, dans ce quartier de toutes les fièvres, où la Bourse, d'une heure à trois, bat comme un cœur énorme, au milieu. »

Le Palais Brongniart a été construit sous l'impulsion de Napoléon Bonaparte. En posant la première pierre en 1808, l'empereur souhaitait regrouper en un seul lieu toutes les activités boursières afin d'optimiser le système existant. Il a été le temple de la Bourse de 1826 à 1998. Les actions ont été cotées à la criée dans l'enceinte du Palais Brongniart jusqu'au 15 juillet 1987. Le mouvement de centralisation des bourses, que Napoléon a ressenti comme une nécessité en France, s'est poursuivi à l'échelle mondiale.

En 1967, Charles de Gaulle déclare que « la politique de la France ne se fait pas à la corbeille ».

Automatisation

Charles Gide (1847-1932) est le premier professeur d'économie dans le système universitaire français. Il est l'oncle d'André Gide, qui considère que « quand un économiste vous répond, on ne comprend plus ce qu'on lui avait demandé ».

Charles Gide enseigne l'économie politique au Collège de France. Il déploie l'enseignement de l'économie dans les facultés à partir de 1877. L'enseignement des sciences économiques est doté d'une agrégation à partir de 1896. Dirigeant historique du mouvement coopératif français, l'un des fondateurs des Banques populaires, il est à l'origine de l'École de Nîmes, un cercle de réflexion qui étudie la solidarité d'une manière pragmatique, comme un ensemble de faits scientifiquement observables et indispensables au bon fonctionnement des sociétés et de l'économie. Son œuvre est aujourd'hui encore la principale référence en économie sociale.

Charles Gide estime que l'automatisation est bénéfique à l'économie : « Grâce à la multiplication des livres depuis l'invention de l'imprimerie, combien plus d'ouvriers typographes aujourd'hui que de copistes au Moyen Âge ! Grâce aux chemins de fer, combien plus de voyageurs et par conséquent combien plus d'employés de chemins de fer dans les services de la tractation et de l'exploitation qu'il n'y avait autrefois des postillons, palefreniers et maîtres de postes ! Grâce aux métiers mécaniques, combien plus d'ouvriers employés dans l'industrie textile qu'autrefois de tisserands ! »

Il conclut que « tout ce qu'on peut dire c'est que les crises et souffrances causées par le machinisme ne sont que temporaires et se guérissent spontanément [1] ».

Alfred Sauvy (1898-1990) résume les dires de Charles Gide en une phrase : « La machine a jusqu'ici créé, directement ou indirectement, beaucoup plus d'emplois qu'elle n'en a supprimés. »

1. Jean-Marc Daniel, *Trois controverses de la pensée économique. Travail, dette, capital*, Paris, Odile Jacob, 2016, p. 48.

Dans la *Philosophie de la misère* (1846), Pierre-Joseph Proudhon (1809-1865) estime que « les machines nous promettaient un surcroît de richesse ; elles ont tenu parole, mais en nous dotant du même coup d'un surcroît de misère. – Elles nous promettaient la liberté ; je vais prouver qu'elles nous ont apporté l'esclavage. »

L'économiste Jean Fourastié (1907-1990) considère que « la machine conduit l'homme à se spécialiser dans l'humain ».

Concurrence

Dans *De l'esprit des lois* (1748), Montesquieu écrit que « c'est la concurrence qui met un prix juste aux marchandises et qui établit les vrais rapports entre elles ».

Alexis de Tocqueville (1805-1859) remet en question l'interventionnisme de l'État au nom de l'intérêt public : « Le gouvernement ayant pris ainsi la place de la Providence, il est naturel que chacun l'invoque [...]. Aussi rencontre-t-on un nombre immense de requêtes qui, se fondant toujours sur l'intérêt public, n'ont trait néanmoins qu'à de petits intérêts privés. »

Tocqueville reprend ainsi le flambeau du marchand Le Gendre qui aurait répondu à la question de Colbert : « Que faut-il faire pour vous aider ? » « Nous laisser faire ! »

Léon Walras (1834-1910), économiste, considère qu'« il est positif que, pour certains économistes, l'économie politique et sociale est une science qui tient tout entière dans ces quatre mots : laisser faire, laisser passer [1] ». Il précise néanmoins que « dire libre concurrence n'est pas du tout [...] dire absence de toute intervention de l'État. Et, d'abord, cette intervention est nécessaire pour établir et maintenir la libre concurrence là où elle est possible [2]. »

Pour Frédéric Bastiat (1801-1850), économiste, « détruire la concurrence, c'est tuer l'intelligence ».

Dans le *Traité et pratique d'économie politique* (1896), Paul Leroy-Beaulieu (1843-1916), économiste et président de la Société d'économie politique, écrit : « La concurrence est la grande force, la principale du monde économique, c'est la force à la fois implosive, régulatrice et coordinatrice par excellence. En dehors d'elle, il n'y a que chaos, arbitraire, fantaisie, incertitude. »

---

1. Léon Walras, *L'État et les chemins de fer*, 1875.
2. Léon Walras, *Esquisse d'une doctrine économique et sociale*, 1898.

Dette privée

Le débat sur la nécessité de s'endetter et les dépenses inutiles apparaît très tôt dans la littérature française avec François Rabelais. Dans les chapitres 3 et 4 du *Tiers Livre* (1546), Panurge, à qui Pantagruel reproche d'avoir mangé son blé en herbe, fait l'éloge des dettes. En effet, Panurge avait été fait châtelain du territoire prospère de Salmigondin. En seulement deux semaines, il a dilapidé en festins et banquets tout l'argent du domaine. Par la suite, il a emprunté l'équivalent de trois années de revenus du domaine. Pantagruel est hostile aux dettes car il considère que c'est la fainéantise qui conduit à emprunter au lieu de travailler pour gagner sa vie. À la demande de Pantagruel, « – Mais quand serez-vous hors de dettes ? », Panurge répond : « – Es Calendes Grecques [...] ; lorsque tout le monde sera content, et que serez héritier de vous-même. Dieu me garde d'en être hors. Plus lors ne trouverai qui un denier me prêtât. Qui au soir ne laisse levain, jà ne fera au matin lever pâte. Devez toujours à quelqu'un. Par icelui sera continuellement Dieu prié vous donner bonne, longue, et heureuse vie ; craignant sa dette perdre, toujours bien de vous dira en toutes compagnies : toujours nouveaux créditeurs vous acquestera [acquerra], afin que par eux vous fassiez versure [empruntiez pour payer votre dette], et de terre d'autrui remplissez son fossé. [...] Dea [vraiment] en cette seule qualité je me réputais auguste, révérend [respectable], et redoutable. »

Panurge fait l'éloge des créditeurs : « Créditeurs sont (je le maintiens jusques au feu exclusivement) créatures belles et bonnes. Qui rien ne prête, est créature laide et mauvaise : créature du grand vilain diantre [diable] d'enfer. Et fait. Quoi ? Dettes. Ô chose rare et antiquaire. [...] Toutefois il n'est detteur qui veut ; il ne fait créditeur qui veut. Et vous me voulez débouter de cette félicité soubeline [exquise] ? Vous me demandez quand serai hors de dettes ? »

Pour Panurge, les dettes créent les liens qui tiennent la société et l'univers en place : « Bien pis y a, je me donne à saint Babolin le bon saint, en cas que toute ma vie je n'aie estimé dettes être comme une connexion et colligence [liaison] des Cieux et Terre, un entretènement [conservation] unique de l'humain lignage ; je dis sans lequel bientôt tous humains périraient. [...] Un monde sans dettes. Là entre les astres ne sera cours régulier quiconque. Tous seront en désarroi [désordre]. »

D'après lui, « Vénus ne sera vénérée, car elle n'aura rien prêté. La Lune restera sanglante et ténébreuse. À quel propos lui départirait le Soleil sa lumière ? Il n'y était en rien tenu. Le Soleil ne luira sur leur terre ; les Astres n'y feront influence bonne. [...] Entre les éléments ne sera symbolisation, alternation, ni transmutation aucune. Car l'un ne se réputera obligé à l'autre, il ne lui avait rien prêté. De terre ne sera faite eau ; l'eau en air ne sera transmuée ; de l'air ne sera fait feu ; le feu n'échauffera la terre. »

Sans les dettes, « la terre rien ne produira que monstres, Titans, Aloades, Géants. Il n'y pluira pluie, n'y luira lumière, n'y ventera vent, n'y sera été ni automne. Lucifer se déliera, et sortant du profond d'enfer avec les Furies, les Peines, et Diables cornus, voudra dénicher des cieux tous les dieux tant des majeurs comme des mineurs peuples. De cestuy monde rien ne prêtant ne sera qu'une chiennerie. »

Sans dette, il n'y aura plus d'entraide : « Entre les humains l'un ne sauvera l'autre : il aura beau crier "à l'aide, au feu, à l'eau, au meurtre". Personne n'ira à secours. Pourquoi ? Il n'avait rien prêté, on ne lui devait rien. Personne n'a intérêt [ne tirera préjudice] en sa conflagration [incendie], en son naufrage, en sa ruine, en sa mort. Aussi bien ne prêtait-il rien. Aussi bien n'eût-il par après rien prêté. Bref de cestuy monde seront bannies Foi, Espérance, Charité. Car les hommes sont nés pour l'aide et le secours des hommes. En lieu d'elles succéderont

Défiance, Mépris, Rancune, avec la cohorte de tous maux, toutes malédictions, et toutes misères. »

Sans les dettes, le monde que nous connaissons se métamorphosera : « Vous penserez proprement que là eût Pandora versé sa bouteille. Les hommes seront loups es hommes. Loups-garous, et lutins, comme furent Lycaon, Bellérophon, Nabuchodonosor : brigands, assassineurs, empoisonneurs, malfaisants, malpensants, malveillants, haine portant un chacun contre tous, comme Ismaël, comme Metabus, comme Timon Athénien, qui pour cette cause fut surnommé misanthropos. Si que [si bien que] chose plus facile en nature serait, nourrir en l'air les poissons, paître les cerfs au fond de l'Océan, que supporter cette truandaille de monde, qui rien ne prête. Par ma foi je les hais bien. »

Et notre corps n'obéira plus : « Et si au patron de ce fâcheux et chagrin monde rien ne prêtant, vous figurez l'autre petit monde, qui est l'homme, vous y trouverez un terrible tintamarre. La tête ne voudra prêter la vue de ses yeux, pour guider les pieds et les mains. Les pieds ne la daigneront porter : les mains cesseront travailler pour elle. Le cœur se fâchera de tant se mouvoir pour les pouls des membres, et ne leur prêtera plus. Le poumon ne lui fera prêt de ses soufflets. Le foie ne lui enverra sang pour son entretien. La vessie ne voudra être débitrice aux rognons ;

l'urine sera supprimée. Le cerveau considérant ce train dénaturé, se mettra en rêverie [délire], et ne baillera sentement [transmettra la perception] es nerfs, ni mouvement es muscles. »

Ce qui aboutira à notre mort : « Somme, en ce monde déraillé, rien ne devant, rien ne prêtant, rien n'empruntant, vous verrez une conspiration plus pernicieuse, que n'a figuré Ésope en son Apologue. Et périra sans doute ; non périra seulement, mais bientôt périra, fût-ce Esculape même. Et ira soudain le corps en putréfaction ; l'âme tout indignée prendra course à tous les Diables, après mon argent. »

Panurge oppose à ceci un monde idéal : « Au contraire représentez-vous un monde autre, auquel un chacun prête, un chacun doive, tous soient débiteurs, tous soient prêteurs. Oh quelle harmonie sera parmi les réguliers mouvements des Cieux. Il m'est avis que je l'entends aussi bien que fit onques Platon. Quelle sympathie entre les éléments. Oh comment Nature s'y délectera en ses œuvres et productions. Cérès chargée de blés ; Bacchus de vins ; Flora de fleurs ; Pomone de fruits ; Junon en son air serein sereine, salubre, plaisante. Je me perds en cette contemplation. »

Ce monde idéal est proche du paradis : « Entre les humains Paix, Amour, Dilection, Fidélité, repos, banquets, festins, joie, liesse, or, argent, menue monnaie, chaînes, bagues, marchandises, trotteront de main en main. Nul procès, nulle guerre, nul débat : nul n'y sera usurier, nul leschart [avide], nul chichart [avare], nul refusant. Vrai Dieu, ne sera-ce l'âge d'or, le règne de Saturne ? L'idée [l'idéal] des régions Olympiques, es quelles toutes autres vertus cessent : Charité seule règne, régente, domine, triomphe. Tous seront bons, tous seront beaux, tous seront justes. Oh monde heureux. Oh gens de cestuy monde heureux. Oh béas trois et quatre fois. Il m'est avis que j'y suis. »

Comme le fait remarquer Céline, « On ne meurt pas de dettes. On meurt de ne plus pouvoir en faire. »

Taux d'intérêt

Dans *De l'esprit des lois* (1748), Montesquieu écrit : « Pour que le commerce puisse se bien faire, il faut que l'argent ait un prix, mais que ce prix soit peu considérable. S'il est trop haut, le négociant, qui voit qu'il en coûterait plus en intérêts qu'il ne pourrait gagner dans son commerce, n'entreprend rien. Si l'argent n'a point de prix, personne n'en prête, et le négociant n'entreprend rien non plus. »

Dans *Réflexions sur la formation et la distribution des richesses* (1766), Anne Robert Jacques Turgot estime que « le prix du prêt n'est point du tout fondé

[…] sur le profit que l'emprunteur espère faire avec le capital dont il achète l'usage. Ce prix se fixe, comme le prix de toutes les marchandises, par le débat entre le vendeur et l'acheteur, par la balance de l'offre avec la demande. »

Il poursuit : « Ce n'est donc pas la quantité d'argent […] qui fait hausser ou baisser l'intérêt de l'argent, ou qui met dans le commerce plus d'argent offert à prêter […]. Ce sont les épargnes accumulées qui sont offertes aux emprunteurs, et plus il y en a, plus l'intérêt de l'argent est bas, à moins que le nombre des emprunteurs ne soit augmenté à proportion. »

Dette publique

Anne Robert Jacques Turgot, baron de Laulne, devenu contrôleur des Finances, conseille au jeune Louis XVI : « Point de banqueroute ; point d'augmentation d'impôts ; point d'emprunts. Point de banqueroute, ni avouée, ni masquée par des réductions forcées. Point d'augmentation d'impôts, la raison en est dans la situation de vos peuples, et encore plus dans le cœur de Votre Majesté. Point d'emprunts, parce que tout emprunt diminue toujours le revenu libre ; il nécessite au bout de quelque temps ou la banqueroute, ou l'augmentation des impositions. Il ne faut en temps de paix se permettre d'emprunter que pour liquider les dettes anciennes, ou pour rembourser d'autres emprunts faits à un denier plus onéreux.

Pour remplir ces trois points, il n'y a qu'un moyen. C'est de réduire la dépense au-dessous de la recette, et assez au-dessous pour pouvoir économiser chaque année une vingtaine de millions, afin de rembourser les dettes anciennes [1]. »

Pour Jean-Marc Daniel (1954-), professeur à l'ESCP BS et président de la Société d'économie politique, il n'y a pas de « bonne dette » dans l'économie de marché : « Si on peut dire qu'il y a un "bon déficit" – le déficit conjoncturel – et un "mauvais déficit" – le déficit structurel –, en revanche, il faut écarter l'idée qu'il y ait une "bonne dette". La dette est l'accumulation des déficits structurels puisque, durant le cycle, le déficit conjoncturel est suivi d'un excédent conjoncturel et, au final, les deux se compensent. Seul le déficit structurel nourrit la dette.

Laisser filer le déficit structurel conduit à une accumulation de dette qui finit par étouffer l'action

1. Lettre d'Anne Robert Jacques Turgot à Louis XVI, Compiègne, 24 août 1774.

publique, menacer la signature de l'État et empêcher l'acceptation par les marchés du financement du déficit conjoncturel alors même que celui-ci est nécessaire à la stabilisation de l'économie [1]. »

Dans *Le Cercle de famille* (1932), André Maurois (1885-1967) estime que « les gouvernements ont l'âge de leurs finances, comme les hommes ont l'âge de leurs artères ».

Inflation

Pierre-Paul Lemercier de La Rivière (1720-1794), trésorier de France, physiocrate et auteur de *L'Ordre naturel et essentiel des sociétés politiques*, définit dans cet ouvrage l'inflation de la manière suivante : « Plus l'argent se multiplie, plus il perd de sa valeur vénale. »

Establishment

Talleyrand explique qu'« on connaît, dans les grandes cours, un autre moyen de se grandir : c'est de se courber [2] ».

1. Marie Théobald, « Jean-Marc Daniel : "Il n'y a pas de bonne dette" », *Le Figaro*, 1er juillet 2015.

2. Jean Orieux, *Talleyrand ou le sphinx incompris*, Paris, Flammarion, 1998.

Talleyrand nous conseille : « Soyez à leurs pieds. À leurs genoux… Mais jamais dans leurs mains [1]. »

Argent

Dans les *Lettres persanes* (1721), Montesquieu estime qu'« il n'y a rien de si extravagant que de faire périr une quantité innombrable d'hommes pour tirer du fond de la terre l'or et l'argent. Ces métaux d'eux-mêmes absolument inutiles […] ne sont des richesses que parce qu'on les a choisis pour en être des signes. »

Montesquieu serait heureux de savoir que les monnaies modernes ne sont plus en argent ou en or et que l'argent moderne n'est plus garanti par l'or. Néanmoins, cette possibilité d'émettre de l'argent de manière illimitée (car la quantité n'est plus limitée par la contrepartie de l'or en réserves) crée de l'inflation, des bulles spéculatives et nous permet de vivre au-dessus de nos moyens, déstabilisant ainsi l'économie de marché.

Comme l'explique Jean-Baptiste Say dans son *Traité d'économie politique* (1803), « les produits s'échangent contre des produits […]. L'argent n'est que la voiture de la valeur des produits. »

---

1. *Id.*

À vingt-quatre ans, Alexandre Dumas fils (1824-1895) écrit dans la préface de *La Dame aux camélias* : « N'estime l'argent ni plus ni moins qu'il ne vaut : c'est un bon serviteur et un mauvais maître. » Transposé à l'entrepreneuriat, cela rappelle le fait que toute entreprise a un objet social, pas financier. Elle doit être profitable mais son objet n'est pas réduit à l'argent.

Dans sa lettre à Madame d'Épinay du 26 décembre 1760, Voltaire considère que « quand il s'agit d'argent, tout le monde est de la même religion ».

Le promoteur immobilier Yoann Choin-Joubert (1975-) affirme que « l'argent qui lui coûte le plus cher est celui qu'il n'a pas » car, pour bâtir des immeubles, il faut avancer les fonds pour le terrain, pour l'ouvrage avant de pouvoir vendre les appartements.

Économie

Jean-Baptiste Say considère que « l'économie est fille de la sagesse et d'une raison éclairée : elle sait se refuser le superflu, pour se ménager le nécessaire ».

Science économique

Dans son *Traité d'économie politique* (1616), Antoine de Montchrestien donne la définition suivante : « L'économie politique est la science de l'enrichissement du royaume. »

Dans *Traité de sociologie générale* (1916), Vilfredo Pareto (1848-1923) écrit : « Il faut recourir à d'autres sciences [...]. Il importe moins de s'occuper des principes économiques que de l'enchevêtrement des résultats de l'économie avec ceux des autres sciences sociales. Mais c'est ce dont beaucoup ne se soucient nullement, parce que c'est une étude longue, fatigante, qui exige la connaissance d'un grand nombre de faits. »

Commerce international

Dans *Traité d'économie politique*, Antoine de Montchrestien affirme : « Il faut de l'argent, et n'en ayant point en notre crû, il faut en avoir des étrangers. » Mais il insiste sur le fait que « toute société doit être abondamment fournie, et ne doit point emprunter ailleurs ce qui lui tient lieu de nécessaire, car, ne pouvant être qu'à la merci d'autrui, elle se rend faible d'autant ». Antoine de Montchrestien écrit en 1616 ce que nous avons découvert trois cents ans plus tard, lors de la crise du Covid-19.

Jean-Baptiste Colbert considère qu'il faut « augmenter l'argent dans le commerce public en l'attirant des pays d'où il vient, en le conservant en dedans du royaume, en empêchant qu'il n'en sorte, en donnant aux hommes les moyens d'en tirer profit. »

Dans *De l'esprit des lois*, Montesquieu estime que « le commerce guérit des préjugés destructeurs. Et c'est presque une règle générale, que partout où il y a des mœurs douces, il y a du commerce, et que partout où il y a du commerce, il y a des mœurs douces. » Pour lui, « l'effet naturel du commerce est de porter à la paix. Deux nations qui négocient ensemble se rendent réciproquement dépendantes. Si l'une a intérêt d'acheter, l'autre a intérêt de vendre. Et toutes les unions sont fondées sur des besoins naturels. »

Mais, comme le prévoit Jules Verne en 1863 dans *Paris au XXe siècle*, la mondialisation heureuse laissera place à la guerre si cette dernière rapporte plus « puisque les liens de commerce resserrent les peuples entre eux ! Les Anglais, les Russes, les Américains n'ont-ils pas leurs *bank-notes*, leurs roubles, leurs dollars engagés dans nos entreprises commerciales ? »

Il décrit une France où les Anglais achètent tant de foncier qu'ils prennent leur revanche sur Guillaume le Conquérant. Il continue en décrivant « la profession de foi du siècle ; on a dit : que sais-je, sous Montaigne, peut-être avec Rabelais, qu'est-ce que cela me fait, au dix-neuvième siècle. On dit maintenant : qu'est-ce que cela rapporte ? Eh bien, le jour où une guerre rapportera quelque chose comme une affaire industrielle, la guerre se fera. »

Dans le *Dictionnaire des idées reçues*, Gustave Flaubert (1821-1880) écrit : « Importation : ver rongeur du commerce. »

Dans *Histoire de la grandeur et de la décadence de César Birotteau* (1837), Honoré de Balzac fait remarquer : « Il raisonnait ses étiquettes, la forme de ses bouteilles, calculait la contexture du bouchon, la couleur des affiches. Et l'on dit qu'il n'y a pas de poésie dans le commerce ? »

Technique

Dans le *Discours préliminaire à l'Encyclopédie* (1751), Jean Le Rond d'Alembert (1717-1783) affirme : « Le mépris qu'on a pour les arts mécaniques semble avoir influé […] sur les inventeurs eux-mêmes. Le nom de ces bienfaiteurs du genre humain sont presque tous inconnus, tandis que l'histoire de ses destructeurs, c'est-à-dire des conquérants, n'est ignorée par personne. Cependant, c'est peut-être chez les artisans qu'il faut aller chercher les preuves les plus admirables de la sagacité de l'esprit, de sa patience et de ses ressources. »

Dans *Plaidoyer pour l'avenir* (1961), Louis Armand (1905-1971) avance que « ce n'est pas la technique qui représente le vrai danger pour la civilisation, c'est l'inertie des structures ».

Dans *Oppression et Liberté* (1955), la philosophe Simone Weil (1909-1943) attire l'attention sur le fait que « plus le niveau de la technique est élevé, plus les avantages que peuvent apporter des progrès nouveaux diminuent par rapport aux inconvénients ».

Libéralisme

Turgot écrit : « Ce que doit faire la vraie politique est de s'abandonner au cours de la nature et au cours du commerce sans prétendre de diriger par des exclusions, des prohibitions ou des prétendus encouragements, parce que, pour le diriger sans le déranger et sans se nuire à soi-même, il faudrait pouvoir suivre toutes les variations des besoins, des intérêts et de l'industrie des hommes, il faudrait les reconnaître dans un détail qu'il est physiquement impossible de se procurer, et sur lequel le gouvernement le plus habile, le plus actif, le plus occupé du détail, risquera toujours au moins de se tromper de la moitié. »

En 1794, à trente-neuf ans, Talleyrand, forcé par les circonstances révolutionnaires, découvre les États-Unis, le pays du libéralisme. Son constat est qu'« il y a ici plus de moyens de refaire de la fortune que dans aucun autre endroit [1] ». Plus tard, il s'exclame : « Ne me parlez pas d'un pays où je n'ai trouvé personne qui ne fût prêt à me vendre son chien [2]. » Il écrit : « Du côté de l'Amérique, l'Europe doit toujours avoir les yeux ouverts, et ne fournir aucun prétexte de récrimination ou de représailles. L'Amérique s'accroît chaque jour. Elle deviendra un pouvoir colossal, et un moment doit arriver où, placée vis-à-vis de l'Europe en communication plus facile par le moyen de nouvelles découvertes, elle désirera dire son mot dans nos affaires et y mettre la main [3]. »

En 1803, dans son *Traité d'économie politique*, Jean-Baptiste Say déclare que « la perfection de l'administration est d'administrer peu ». En 1815,

---

1. Charles-Maurice de Talleyrand, *Charles-Maurice de Talleyrand en verve*, *op. cit.*
2. *Id.*
3. *Id.*

dans *Catéchisme d'économie politique*, il écrit : « En matière d'État, je prône l'abstention. » Il ajoute que l'« on n'est jamais mieux gouverné que lorsqu'il n'y a pas de gouvernement ».

En 1833, dans *Le Médecin de campagne*, Honoré de Balzac écrit : « La vie des oisifs est la seule qui coûte cher. Peut-être même est-ce un vol social que de consommer sans rien produire. »

Premier Français à obtenir le prix Nobel d'économie en 1983, Gérard Debreu (1921-2004) affirme que « la supériorité du libéralisme est scientifiquement démontrée ».

Communisme

Victor Hugo explique : « Communisme… Une égalité d'aigles et de moineaux, de colibris et de chauves-souris, qui consisterait à mettre toutes les envergures dans la même cage et toutes les prunelles dans le même crépuscule, je n'en veux pas. »

Consommation

Dans *Catéchisme d'économie politique* (1815), Jean-Baptiste Say écrit : « Qu'est-ce que c'est que consommer ? C'est détruire l'utilité qui est dans un produit, par-là lui ôter la valeur que cette utilité lui donnait. »

Comme l'explique Octave Mouret dans le roman d'Émile Zola *Au bonheur des dames* (1883), pour qu'un grand magasin ait des profits et engloutisse tous les petits commerces concurrents, il faut une stratégie de volume : « Vous vendez bon marché pour vendre beaucoup, et vous vendez beaucoup pour vendre bon marché. »

Ascension

Le surintendant des Finances Nicolas Fouquet, issu de la grande bourgeoisie, qui a construit Vaux-le-Vicomte – un modèle pour Versailles –, pensionné La Fontaine et découvert Molière, Le Nôtre et Lebrun, a des armes parlantes : un foucquet (écureuil) avec la devise : « *Quo non ascendet ?* » (« Jusqu'où ne montera-t-il pas ? »).

Talleyrand considère qu'« il n'y a que deux façons de s'élever, par son talent ou par l'imbécillité des autres [1] ». Il estime que « les grandes places sont comme les rochers élevés, les aigles et les reptiles seuls y parviennent » et explique que « les hommes

1. Éric Schell, *Le Bréviaire de Talleyrand*, Paris, Horay, 2010. Les prochaines citations sont issues de cet ouvrage.

sont comme les statues, il faut les voir en place ». Il attire l'attention sur le fait qu'« un homme médiocre dans l'élévation est placé sur une éminence, du haut de laquelle tout lui monde lui paraît petit et d'où il paraît petit à tout le monde ». D'après lui, « quand on a dix pas à faire et qu'on en a fait neuf, on n'est qu'à moitié chemin ».

Puissance

Selon Talleyrand, « la puissance ne consiste pas à frapper fort et souvent, mais à frapper juste ».

Agir

Pour Talleyrand, « dans les choses d'importance, il ne faut pas demander de conseils ; il faut peser, oser et agir ».

Réussite

Talleyrand considère que « là où tant d'hommes ont échoué, une femme peut réussir ». Selon lui, « le moment difficile n'est pas l'heure de la lutte, c'est celle du succès ». En effet, réussir ne suffit pas, encore faut-il tirer profit du succès, capitaliser rapidement sur la réussite.

Savoir-faire

Pour Talleyrand, « il n'y a point d'accident si malheureux dont un homme habile ne tire quelque avantage, ni de si heureux qu'un imprudent ne puisse tourner à son préjudice ». Il fait remarquer que « les gens qui ne font rien se croient capables de tout faire ». Il affirme : « Sois lion dans le triomphe, renard dans la défaite, colimaçon dans le conseil, oiseau à l'heure de l'action. » D'après lui, « les hommes adroits et légers surnagent comme le liège au milieu des tempêtes » et « quand tout est perdu, c'est l'heure des grandes âmes ». Pour Talleyrand, « il y a trois sortes de savoir : le savoir proprement dit, le savoir-vivre et le savoir-faire, les deux derniers dispensent généralement du premier ».

Équipe

Selon Talleyrand, « la plus mauvaise roue d'un chariot est celle qui fait le plus de bruit ». Il affirme : « Je crains plus une armée de cent moutons commandée par un lion, qu'une armée de cent lions commandée par un mouton. » Talleyrand fait remarquer que « les fous sont aux échecs les plus proches des rois [1] ». Il conseille : « Il faut mener les hommes sans leur faire sentir le joug, asservir les volontés sans les contraindre. »

Temps

Talleyrand estime qu'« on perd bien du temps à n'avoir pas le temps ». Il attire l'attention sur le fait qu'« une carafe d'eau suffit pour arrêter un commencement d'incendie ; un instant après, un sceau ; plus tard, il faut des pompes, et la maison brûle ».

Confidentialité

Selon Talleyrand, « la parole que tu gardes est ton esclave ; celle que tu as lâchée est ton maître ». Il ajoute : « Toute révélation d'un secret est la faute de celui qui l'a confié. »

Confiance

Comme Talleyrand le fait remarquer, « on ne croit qu'en ceux qui croient en eux ». Talleyrand dit

1. Jean Orieux, *Talleyrand ou le sphinx incompris*, *op. cit.* Les prochaines citations sont issues de cet ouvrage.

de Napoléon que « c'est un homme qui se croit maître de la fortune et dont l'étonnante confiance en son étoile inspire à ses partisans une si étonnante sécurité ».

Corruption

Talleyrand écrit : « Toutes les fois que j'ai visité une capitale, on m'a prévenu que j'étais dans la ville la plus corrompue de l'Europe, et c'était vrai [1]. »

Rendements décroissants

Dès 1768, dans *Observations sur le mémoire de M. De Saint-Péravy*, Anne Robert Jacques Turgot explique avant David Ricardo (1772-1823) le concept des rendements décroissants : « Lorsque la terre approche beaucoup de rapporter tout ce qu'elle peut produire, une très forte dépense peut n'augmenter que très peu la production. » Il écrit aussi que « les productions ne peuvent être exactement proportionnelles aux avances ; elles ne le sont même pas, placées dans le même terrain, et l'on ne peut

1. Charles-Maurice de Talleyrand, *Charles-Maurice de Talleyrand en verve*, *op. cit.*

jamais supposer que des avances doubles donnent un produit double.

En accordant que, dans l'état de la bonne culture ordinaire, les avances annuelles rapportent 250 pour cent, il est plus que probable qu'en augmentant par degrés les avances depuis ce point jusqu'à celui où elles ne rapporteraient rien, chaque augmentation serait de moins en moins fructueuse. »

Valeur

Dans *Réflexions sur la formation et la redistribution des richesses*, Turgot considère que « la valeur n'a d'autre mesure que le besoin ou le désir des contractants balancé de part et d'autre, et n'est fixée que par l'accord de leur volonté ».

Propriété

En 1803, dans son *Traité d'économie politique*, Jean-Baptiste Say écrit : « L'économie politique considère la propriété comme le plus puissant encouragement à la production des richesses. »

Dans *Le Médecin de campagne*, Honoré de Balzac explique : « Quelque insalubre que puisse être sa chaumière, un paysan s'y attache beaucoup plus qu'un banquier ne tient à son hôtel. Peut-être la force des sentiments est-elle en raison de leur rareté ? Peut-être l'homme qui vit peu par la pensée vit-il beaucoup par les choses ? Et moins il en possède, et plus sans doute il les aime. »

Égalité

Comme l'explique Charles de Gaulle, « tout Français désire bénéficier d'un ou plusieurs privilèges. C'est sa façon d'exprimer sa passion pour l'égalité ».

Allemagne

L'argent magique

En 1782, Johann Wolfgang von Goethe (1749-1832) s'est vu confier la direction des finances de l'État à la cour de Weimar. De 1772 à 1778, en tant que ministre, Goethe a été responsable de questions économiques et financières, de l'exploitation des mines, des routes et des voies navigables. *Le Second Faust* reflète tout particulièrement les réflexions de Goethe l'économiste, dont les connaissances étaient aussi bien théoriques qu'empiriques.

Dans *Le Second Faust*, le diable propose aux hommes représentés par Faust la création de la monnaie papier. Cette monnaie papier est en réalité plus qu'un billet de banque ; il s'agit d'argent magique qui ne se réfère finalement qu'à lui-même et ne dépend que de la confiance infinie que les hommes lui accordent. La création de l'argent magique *ex nihilo* est pour Goethe un pacte avec le diable destiné à résoudre tous les problèmes de trésorerie de l'empereur du Saint-Empire romain germanique. Cette création a lieu lors d'un carnaval, qui est la fête du renversement de l'ordre établi, que l'argent magique renversa à son tour par la suite : « Soudain, le maréchal entre tout en joie, annonçant que tout va le mieux du monde ; le général vient dire aussi que les troupes ont été payées ; le trésorier s'écrie que ses coffres regorgent de richesses. Tout l'or qui roulait et ruisselait dans l'intermède semble être allé se condenser et se refroidir dans les caisses publiques.

– C'est donc un prodige ? dit l'empereur.

– Nullement, dit le trésorier. Pendant que, cette nuit, vous présidiez à la fête sous le costume du grand Pan, votre chancelier nous a dit : "Je gage que, pour faire le bonheur général, il me suffirait de quelques traits de plume." »

Il poursuit : « Alors, pendant le reste de la nuit, mille artistes ont rapidement reproduit quelques mots écrits de sa main, indiquant seulement : ce papier vaut *dix* ; cet autre vaut *cent* ; cet autre, *mille*, ainsi de suite. Votre signature est apposée, en outre, sur tous ces papiers. Depuis ce moment, tout le peuple se livre à la joie, l'or circule et afflue partout ; l'empire est sauvé.

– Quoi ! dit l'empereur, mes sujets prennent cela pour argent comptant ? L'armée et la cour se contentent d'être payées ainsi ? C'est un miracle que je puis trop admirer. »

Méphistophélès émet du papier-monnaie avec pour contrepartie les richesses et trésors hypothétiques cachés dans le sous-sol et qui constituent selon le droit romain la propriété de l'Empereur :

« Méphistophélès

Le tout est tranquillement enfoui dans le sol ;

Le sol est à l'Empereur ; à lui donc les trésors !

L'argent magique est basé sur des trésors pas encore découverts :

Les innombrables trésors qui, endormis,
Attendent dans la profondeur du sol de tes États,
Gisent inutilisés. La plus vaste pensée
Ne saurait concevoir une pareille richesse ;
L'imagination en son plus sublime essor,
S'efforce en vain d'y parvenir. »

L'argent magique jouit d'une confiance infinie :

« Cependant, les esprits dignes de pénétrer les profondeurs éprouvent
En l'Infini une confiance infinie. »

En allemand dans le texte, « l'Infini » est *das Grenzenlos*, c'est-à-dire ce qui n'a pas de limites.

L'empereur oublie que, lors du Carnaval, il a donné son accord pour la création de la monnaie papier :

« Je soupçonne quelque délit, quelque monstrueuse duperie ;

Qui a contrefait ici le chiffre de l'Empereur ?

Un tel crime est-il demeuré impuni ? »

Le trésorier lui répond :

« Souviens-toi ; tu l'as signé toi-même

Cette nuit. Tu représentais le grand Pan ;

Le Chancelier, s'approchant de toi avec nous, te dit :

"Donne-toi à toi-même la fête de cette grande joie ;

Rendre le peuple heureux par quelques traits de plume."

Tu les traças nettement et, cette nuit même,

Des magiciens les ont reproduits par milliers. »

Il est clair que l'empereur représente le grand Pan lors du carnaval. Selon la mythologie grecque, Pan faisait perdre la raison par la peur « panique » (*panikos*) collective qu'il inspirait. L'économie moderne se trouve ainsi placée sous le signe de la peur. Elle est génératrice de peur, la peur de perdre son travail, la peur de manquer, la peur de ne pas posséder la totalité, la peur que même au sein de la richesse quelque chose nous manque. Comme le dit Faust,

« sentir ainsi au sein de la richesse, ce qui nous manque, c'est subir la plus cruelle des tortures ». Plus tard, elle sera secouée par les paniques bancaires…

Temps modernes

Goethe voit émerger les temps modernes et la Révolution industrielle caractérisés par une activité incessante. Ainsi, dans *Le Second Faust*, Goethe remplace « Au commencement était le verbe » par « Au commencement était l'action ! »

Méphistophélès et Faust décident ensemble de la destruction par les flammes du havre de l'ancien monde qui est comme une épine pour Faust :

« Devant les yeux, mon royaume s'étend infini ;
Derrière moi, le dépit me harcèle
En me rappelant, par des soins jaloux,
Que ma haute possession n'est pas pure,
Que l'emplacement des tilleuls, la maisonnette brune,
La petite église en ruine ne sont pas à moi.
Et, voudrais-je me reposer là,
Je frémis devant cette ombre étrangère,
Épine pour les yeux, épine pour les pieds.
Oh ! fussé-je loin d'ici ! »

Ce qui aboutit au fait que :

« Ce qui autrefois étonnait les regards,
L'œuvre des siècles, a disparu. »

Sur les terres carbonisées, Faust envisage la construction d'un belvédère « pour regarder dans l'infini ».

Dans *Le Second Faust*, Gothe décrit la destruction de la Création, de ce qui nous a été légué et, par la suite, la production d'un nouveau monde qui tourne radicalement le dos à la Création. Cette obsession de l'infini, du « sans-limite » est bien la caractéristique de notre siècle. Face au changement climatique, il est temps que nous changions de paradigme et que nous commencions à envisager notre vie et le monde autrement.

Capitalisme

Dans *L'Éthique protestante et l'esprit du capitalisme* (1905), Max Weber (1864-1920) définit le capitalisme comme « la puissance la plus décisive de notre vie moderne ». Il y écrit : « La "soif d'acquérir", la "recherche du profit", de l'argent, de la plus grande quantité d'argent possible n'ont en elles-mêmes rien à voir avec le capitalisme. […] Le capitalisme s'identifierait plutôt avec la *domination*, à tout le moins avec la modération rationnelle de cette impulsion irrationnelle. Mais il est vrai que le capitalisme est identique à la recherche du profit, d'un profit toujours renouvelé, dans une entreprise continue, rationnelle et capitaliste – il est recherche de la rentabilité. Il y est obligé. Là où toute l'économie est soumise à l'ordre capitaliste, une entreprise capitaliste individuelle qui ne serait pas animée par la recherche de la rentabilité serait condamnée à disparaître. »

Max Weber évoque l'esprit du capitalisme moderne tel qu'il apparaît dans l'autobiographie de Benjamin Franklin. Il considère qu'il y a un type de capitalisme spécifique à l'Europe occidentale et aux États-Unis. « Car si le capitalisme a existé en Chine, aux Indes, à Babylone, dans l'Antiquité et au Moyen Âge, [...], *c'est précisément cet éthos qui lui faisait défaut.*

Toutes les admonitions morales de Franklin sont teintées d'utilitarisme. L'honnêteté est *utile* puisqu'elle nous assure le crédit. De même, la ponctualité, l'application au travail, la frugalité ; *c'est pourquoi* ce sont là des vertus. On pourrait en déduire logiquement que, par exemple, l'apparence de l'honnêteté peut rendre le même service ; que cette apparence suffirait et qu'un surplus inutile de cette vertu apparaîtrait aux yeux de Franklin comme étant une prodigalité improductive. »

Il continue : « En effet, son autobiographie confirme cette impression, par exemple le récit de sa “conversion” à ces vertus ou la discussion de l’utilité du strict maintien de l’*apparence* de la modestie, l’application à abaisser son propre mérite afin d’obtenir l’approbation de tous. D’après Franklin, ces vertus comme toutes les autres, ne seraient des vertus que dans la mesure où elles seraient réellement utiles à l’individu ; et la simple apparence suffirait si elle pouvait assurer le même service. Cette conclusion est inévitable pour l’utilitarisme. »

Toutefois, il ajoute : « L’impression qu’ont les Allemands que les vertus, telles qu’elles sont professées en Amérique, ne sont qu’“hypocrisie” semble ici confirmée de façon flagrante. Mais, en vérité, les choses ne sont pas si simples. Ce soupçon est démenti par le caractère de Benjamin Franklin tel qu’il nous apparaît dans son autobiographie, d’une si rare franchise. Le fait que l’utilité des vertus lui ait été révélée par Dieu, qui voulait ainsi le vouer au bien, montre clairement qu’il existe ici toute autre chose que des maximes égocentriques agrémentées de morale. »

Une chose est sûre : les vertus évoquées par Benjamin Franklin et commentées par Max Weber restent indispensables dans les affaires. Pour cette raison, elles sont souvent affichées par exemple dans les relations avec les banquiers.

Max Weber précise : « La valorisation religieuse du travail sans relâche, continu, systématique [...] comme moyen ascétique le plus élevé [...] a pu constituer le plus puissant levier [...] de l'expansion de cette conception de la vie que nous avons appelée l'esprit du capitalisme. »

Richesse

Max Weber explique : « De toute évidence, le sentiment de puissance, la considération sociale que confère le simple fait de la richesse jouent aussi leur rôle. Lorsque l'imagination d'un peuple entier a été dirigée sur les grandeurs purement quantitatives, comme aux États-Unis, le romantisme des chiffres exerce sa magie irrésistible sur ceux des hommes d'affaires qui sont aussi des "poètes". »

Entrepreneur

Max Weber décrit le profil type de l'entrepreneur qui n'a pas beaucoup changé au fil du temps : « Tel qu'il a été représenté, en Allemagne même, par des exemples brillants et isolés le “type idéal” de l’entrepreneur capitaliste n’a rien en commun avec ces arrivistes plus ou moins raffinés. Il redoute l’ostentation et la dépense inutile tout autant que la jouissance consciente de sa puissance ; il se sent gêné des signes extérieurs de considération sociale dont il est l’objet. En d’autres termes [...] sa vie emprunte souvent un visage ascétique [...]. Par exemple, il n’est nullement exceptionnel – ce serait plutôt la règle – de trouver chez notre entrepreneur une sorte de modestie, essentiellement plus franche d’ailleurs que cette réserve si judicieusement recommandée par Franklin. Il ne “tire rien” de sa richesse pour lui-même, en dehors du sentiment irrationnel d’avoir bien accompli sa besogne[1]. »

Bureaucrate spécialisé

Max Weber considère que le bureaucrate est la « pierre angulaire de l’État et de l’économie moderne en Occident ». « Voilà un personnage dont on a connu des précurseurs, mais qui jamais et nulle part n’avait encore été partie intégrante de l’ordre social.

1. En allemand, « besogne » se dit *Berufserfüllung*, qui peut être traduit par « accomplissement de son métier ou de sa profession » ou par « réalisation professionnelle ».

Le bureaucrate, le bureaucrate spécialisé lui-même, est sans doute un phénomène fort ancien dans maintes sociétés, et des plus différentes. Mais, à aucune époque, ni dans aucune contrée, on aura éprouvé à ce point combien l'existence sociale tout entière, sous ses aspects politiques, techniques, économiques, dépend inévitablement, totalement, d'une organisation de bureaucrates spécialisés et compétents. Les tâches majeures de la vie quotidienne sont entre les mains de bureaucrates qualifiés sur le plan technique et commercial, et surtout de fonctionnaires de l'État qualifiés sur le plan *juridique.* »

Commerce

L'économiste Friedrich List (1789-1846), bien que protectionniste, a milité pour la suppression des barrières douanières à l'intérieur de la Confédération germanique car elles faisaient perdre du terrain à l'Allemagne face aux économies d'autres pays : « En vérité, tandis que les autres nations cultivent les sciences et les arts par où le commerce et l'industrie prennent leur essor, le négociant et le fabricant allemands doivent aujourd'hui consacrer une grande partie de leur temps à l'étude des tarifs de douane et des péages [1]. »

Ce que Friedrich List souhaitait obtenir pour l'Allemagne, nous l'avons pour l'Union européenne à travers le marché unique.

Dans *Essai philosophique sur la paix perpétuelle* (1795), le philosophe Emmanuel Kant (1724-1804) écrit : « Je parle de l'esprit du commerce qui s'empare tôt ou tard de chaque nation et qui est incompatible avec la guerre. »

Dans *Système national d'économie politique*, Friedrich List explique : « Le commerce international, en éveillant l'activité et l'énergie par les nouveaux besoins qu'il crée, en propageant d'une nation à l'autre les idées, les découvertes et les forces, est l'un des plus puissants instruments de la civilisation et de la prospérité des peuples. »

Impôt

Pour Albert Einstein (1879-1955), « la chose la plus difficile à comprendre au monde est l'impôt sur le revenu ».

---

1. Friedrich List, *Système national d'économie politique* [1841], trad. de l'allemand par Henri Richelot, Paris, Capelle, 1857.

Inflation

C'est à Otto Karl Pöhl (1929-2014), économiste et président de la Banque fédérale d'Allemagne de 1980 à 1991, que l'on doit la célèbre formule : « L'inflation, c'est comme la pâte à dentifrice : une fois sortie du tube, il est impossible de la faire rentrer [1]. »

Investissement

Comme le déclare Helmut Schmidt, ministre de l'Économie, des Finances et chancelier fédéral de l'Allemagne de 1974 à 1982, « les investissements d'aujourd'hui sont les profits de demain et les emplois d'après-demain [2] ».

Dépenses d'État

Dans *Les Fondements de l'économie politique* (1876), Adolph Wagner (1835-1917) explique que « des comparaisons dans l'histoire et dans l'espace montrent chez les peuples civilisés en voie de progrès un développement régulier de l'activité de l'État et

1. Otto Karl Pöhl, *Institutional Investor*, 1, 1980.
2. Helmut Schmidt, Discours du 3 novembre 1974.

de l'activité publique. Plus la société se civilise, plus l'État est dispendieux. »

Ainsi, « une proportion relative toujours plus grande et plus importante des besoins collectifs d'un peuple civilisé en progrès se trouve satisfaite par l'État ».

Dynamique économique

Rudiger Dornbusch (1942-2002) nous avertit qu'« en économie, les choses mettent plus de temps à se produire que ce que l'on pense, puis elles se produisent plus vite que ce que l'on pensait ».

Technique

Dans une citation souvent attribuée à Albert Einstein, le physicien avertit : « Je crains le jour où la technologie surpassera les échanges humains. Le monde aura une génération d'idiots. »

Dette souveraine

Friedrich List écrit dans *Système national d'économie politique* : « Les dettes d'un État sont des lettres de change que la génération présente tire sur la génération future. Elles peuvent avoir été contractées dans l'intérêt particulier du présent, ou dans celui de l'avenir, ou dans l'intérêt commun de l'un et l'autre. C'est dans le premier cas seulement qu'elles sont condamnables. »

Roumanie

Écologie

Dans *La Décroissance. Entropie, écologie, économie* (1995), Nicolae Georgescu (1906-1994) arrive à la conclusion que « tout se passe comme si l'espèce humaine avait choisi de mener une vie brève mais excitante, laissant aux espèces moins ambitieuses une existence longue, mais monotone ». Les travaux de Nicolae Georgescu ont servi d'inspiration au mouvement de la décroissance.

Corruption

Dans son *Opera politică*, le plus grand poète romantique roumain, Mihai Eminescu (1850-1889), écrit : « La tendance à gagner facilement et sans travailler, à s'ériger en grand homme sans mérite, voici la définition de la vraie corruption, dont les conséquences sont la haine et la jalousie de tout vrai mérite et la promotion de ces nullités dans ces endroits-là, auxquels seulement une haute intelligence ou un caractère extraordinaire donnent droit. »

Il ajoute : « Rien n'est plus dangereux pour la conscience d'un peuple que la vue de la corruption, de la nullité récompensée et de l'élévation du démérite [1]. » Il considère que « la pauvreté pour le peuple ouvre plus le chemin à la corruption que la richesse [2] ».

Richesse

Dans *Le Divan ou la querelle du sage avec le monde ou la dispute de l'âme avec le corps*, Dimitrie Cantemir (1673-1723) écrit : « Le riche essaie la chaise la plus haute. » Il met en garde : « En empilant les richesses, que ton cœur ne se pétrifie pas. »

1. Mihai Eminescu, *Opera politică, vol. 2 (1880-1883)*, Bucarest, Cugetarea, 1941.

2. Mihai Eminescu, *Opera politică, vol. 1 (1870-1879)*, Bucarest, Cugetarea, 1941.

Dans « Le Coq noir », l'académicien Victor Eftimiu (1889-1972) considère que

« L'or signifie pouvoir, richesses…
Il est l'âme de la vie. La clé magique
Qui ouvre la porte fermée,
L'outil qui se trouve partout – chez le voleur,
Sur la table immaculée du saint autel…
Avec de l'or, tu fais une maison… cent maisons… une ville
Si tu veux, tu vaincs un roi et tu achètes un ennemi. […]
Tu jettes une poignée d'or et le conseiller honnête
Vend son empereur et sa nation – au final,
Avec un peu d'or, qui brille,
Comme les étoiles dans les lacs, si tu sais t'y prendre,
Tu peux, à travers un archange, Dieu même mentir,
Quand son fils tu l'achètes avec une poignée d'argent !
Et le jour quand Satan chassé une deuxième fois,
Perdant la terre, sera contraint de mourir –
Il trouve de nouveau le moyen d'être immortel,
Car l'or reste son héritier ! »

Entreprendre

D'après Emil Cioran, « ce n'est pas la peur d'entreprendre, c'est la peur de réussir qui explique plus d'un échec ». Rejoignant la conviction antique « *Astra inclinant non nécessitant* » (« L'influence des astres existe mais elle n'est pas déterminante »), Cioran écrit : « Il n'est pas élégant d'abuser de la malchance : certains individus, comme certains peuples, s'y complaisent tant qu'ils déshonorent la tragédie. »

Quant à Nicolae Titulescu (1882-1941), il écrit : « Le destin est l'excuse des faibles et l'œuvre des forts. » Nicolae Titulescu est un homme politique et un diplomate, ministre des Affaires étrangères de la Roumanie (1927-1936, avec interruption), président de l'assemblée générale de la Société des Nations (1930-1932) et, à ce titre, personnage du roman *Belle du Seigneur* décrit par Albert Cohen comme « imberbe gardien du harem ».

Argent

Un dicton populaire roumain, souvent cité, affirme que « l'argent est l'œil du diable ».

À ceci, Petre Tutea (1902-1991), philosophe et économiste roumain, répond : « Je ne déteste pas la bourgeoisie. Je suis arrivé à la conclusion qu'un homme qui veut être riche n'est pas un pécheur. Une fois un vieux prêtre disait : il circule un dicton populaire indiquant que l'argent est l'œil du diable. Je ne le conçois pas ainsi, mais comme une double échelle. Si tu le possèdes quelle qu'en soit la quantité et montes les échelons en étant bienfaiteur, il n'est plus l'œil du diable. Et si tu descends les échelons, alors tu vas avec lui en enfer, à travers les vices, la cupidité et toutes les imperfections liées à l'orgueil et à l'envie d'être maître. »

Membre de l'Académie roumaine, ministre des Affaires étrangères du royaume de Roumanie, chef de file de la révolution de 1848 à Iasi, le poète Vasile Alecsandri (1821-1890) considère que « l'argent est la meilleure pierre d'achoppement de la nature humaine ». Il le décrit de la manière suivante : « L'argent, des petites roues qui mettent la roue du monde en mouvement. »

Dans « Nuit de novembre », le poète Alexandru Macedonski (1854-1920) écrit :

« Le gain !... Une épopée de tant de milliers d'années,

La Divine-Comédie ayant comme titre : l'Argent !

Poème qui contient de l'amour, des douleurs, des plaisirs,

Avec le Paradis en montée, avec l'Enfer en descente ;
Le gain – qui se hausse sur le même piédestal –,
Toujours moral, éternellement immoral.
Le gain, qui piétine vertu, loi,
Arrogant, il avance vers son trône de roi,
Et entrant triomphant dans le Temple de la Richesse,
Dans les éclats de rire de la monnaie sous voûtes il s'assoit
Et le jaune de la monnaie qui le constitue
Appuie sur le monde en le gardant sous son pied. »

Establishment

« L'atmosphère des honneurs m'étouffe parce que son air est vicié par la bassesse et la flatterie », dit Vasile Alecsandri.

Travail

Mihai Eminescu considère que « seulement la réalité du travail, résultant des conditions exigées par l'économie politique, avec nécessairement plus de production que de consommation, résiste à toutes les crises et à tous les ébranlements et seulement sur la réalité de ce travail peut se baser n'importe quel institut sérieux [1]. »

Mihai Eminescu attire l'attention sur le fait que « le paysan, n'importe combien de suif il a, de l'argent il n'en a pas et l'État moderne a besoin d'argent. Un pas que le député fait à la Chambre, une bêtise qu'il dit, coûte de l'argent au pays et l'argent signifie du travail. Une ligne, écrite par un subalterne d'un subalterne d'un maire de village, coûte de l'argent et l'argent signifie du travail. Une mauvaise conférence tenue à l'Université coûte de l'argent, c'est-à-dire du travail – enfin l'argent est partout le représentant et le résultat clair du travail, il contient de la transpiration et de la puissance musculaire et tout comme l'aiguille d'une montre indique à un certain chiffre combien d'heures se sont écoulées, la somme dans ma poche montre combien on a travaillé pour moi dans la société humaine [2]. »

Économies

Mihai Eminescu définit l'économie de la manière suivante : « L'économie, c'est-à-dire la bonne mesure

1. *Timpul*, 30 avril 1880.
2. Mihai Eminescu, *Opera politică*, *vol. 1*, *op. cit.*

entre les bénéfices apportés par une certaine dépense et les sacrifices faits pour elle ; ceci autant dans l'économie générale de l'État que dans l'économie individuelle [1]. »

En 1921, Titulescu explique : « Les économies – le résultat de la réduction des dépenses. La sobriété : le résultat de la réduction de la consommation [2]. »

Pauvreté

Mihai Eminescu explique que la pauvreté est préjudiciable non seulement pour l'individu, mais également pour l'ensemble de l'économie : « Sans doute, la pauvreté est une source de maux physiques et moraux, mais il est également vrai que les maux moraux sont à leur tour la cause de la décadence économique [3]. »

Dans son discours, *Le Progrès de l'idée de paix*, prononcé à Cambridge le 19 novembre 1930, Titulescu se demande : « Que peut apporter la misère économique, sinon la guerre ou le désordre ? »

---

1. *Id.*
2. « Discursul Dlui N. Titulescu în discutia generala a Legii contributiilor directe », 10 juin 1921, Bucarest.
3. Mihai Eminescu, *Opera politică*, *vol. 2*, *op. cit.*

Déficit

D'après Titulescu, « il n'y a pas de stabilité monétaire tant qu'il y a du déficit budgétaire [1] » et « l'équilibre des dépenses et des gains est la condition primordiale du redressement financier ».

Confiance

Nicolae Titulescu considère que « la confiance ne s'établit pas par des discours, surtout en matière financière, mais par des établissements appropriés [2] ».

Don

Dimitrie Cantemir invite le lecteur à utiliser ses atouts pour faire le bien : « Avec les dons que tu as reçus vers le bien, et pas vers le mal tu dois servir. »

---

1. Nicolae Titulescu, Documents diplomatiques, 21 juin 1932, Lausanne.
2. Nicolae Titulescu, Documents diplomatiques, 20 janvier 1931, Lausanne.

Hongrie

Théorie des jeux

János Harsanyi (1920-2000) et ses confrères John Nash (1928-2015) et Reinhard Selten (1930-2016) sont les premiers à recevoir le prix Nobel dans le domaine de la théorie des jeux. Le comité Nobel déclare en 1994 que « la théorie des jeux a profondément renouvelé l'analyse des marchés, des comportements et stratégies des acteurs, des différentes formes de concurrence, ainsi que des typologies des marchés ».

Comment Harsanyi est-il arrivé à l'économie ? En 1944, il effectue des travaux forcés en raison de ses origines juives mais il réussit à s'échapper, évitant de justesse le camp de concentration. En 1947, il soutient une thèse de philosophie ; par la suite, il étudie la sociologie, avant de fuir la Hongrie communiste et d'émigrer en Australie. Comme ses diplômes ne sont pas reconnus, il y étudie l'économie et publie des articles scientifiques tout en travaillant à l'usine. Grâce à une bourse d'études, il émigre aux États-Unis.

La théorie des jeux permet de prévoir le comportement des agents économiques à partir de l'hypothèse que tout agent effectue toujours un choix rationnel visant à maximiser ses gains et à minimiser ses pertes.

Nash a orienté ses recherches sur les jeux dans lesquels chaque joueur connaît les préférences des autres joueurs. En 1967, Harsanyi a étendu les travaux de Nash aux jeux à asymétrie d'information à la suite de sa participation au comité stratégique concernant les négociations entre les États-Unis et l'URSS sur le désarmement. Des jeux à information incomplète auxquels, en tant que consultant, il a fallu qu'il trouve une solution…

Pour Harsanyi, « en principe, toute situation sociale implique une interaction stratégique entre les participants. Ainsi, on pourrait soutenir qu'une bonne compréhension de toute situation sociale nécessiterait une analyse de la théorie des jeux [1]. »

1. János Harsanyi, « Games with Incomplete Information », Nobel Lecture, 1994 (en ligne : https://www.nobelprize.org/uploads/2018/06/harsanyi-lecture.pdf).

D'après lui, « c'est notre expérience commune en tant qu'êtres humains que les résultats des forces sociales semblent admettre uniquement des prédictions "probabilistes" [1] ».

Dans le cadre des jeux coopératifs, il propose un concept de solution sous le nom de *valeur d'Harsanyi*. Ainsi, Harsanyi a réussi à trouver des solutions aux différents jeux de sa vie, lui permettant non seulement de survivre, mais aussi d'obtenir le prix Nobel. Un virtuose. Il définit ainsi son approche des jeux : « Je n'ai pas joué aux échecs depuis plusieurs décennies. À un moment donné, j'ai perdu à la plupart des jeux aux échecs. Puis je me suis rendu compte que la majorité de mes concurrents mémorisaient les meilleurs coups d'échecs et je ne voulais pas faire ceci. » Avis aux amateurs de coups !

Innovation

Dennis Gabor (1900-1979), qui a obtenu le prix Nobel de physique en 1971, considère que « tout ce qui est techniquement réalisable sera réalisé ».

1. *Id.*

Crédit

Endre Ady (1877-1919) estime que « les gens sont de deux types. Soit ce sont des usuriers, soit ils veulent être des usuriers. L'usure de l'argent et celle des biens sont juste deux types d'usure très répandus. [...] Le plus grand usurier est la vie, qui exige beaucoup d'intérêts pour le peu de plaisir qu'elle donne [1]... »

Ferenc Móra (1879-1934) conseille : « Si tu veux emprunter de l'argent, fais croire aux gens que tu as de l'argent [2]. »

Pauvreté

Kelemen Mikes (1690-1761) observe que « souvent le pauvre attrape l'oiseau et le riche le mange [3] ».

Sándor Márai (1900-1989) fait remarquer qu'« il vaut mieux que l'on parle de la pauvreté en gardant une certaine distance, d'un point de vue philosophique parce que, dans la majeure partie des pays

1. Endre Ady, « A hétről » (« À propos de la semaine »), *Nagyváradi Napló* (*Journal d'Oradea*), 1er juin 1901.

2. Ferenc Móra, *Bolondságok, enyimek is, máséi is*, Budapest, 1969.

3. Kelemen Mikes, *Lettres de Turquie*, Paris, Honoré Champion, 2011.

civilisés, il est internationalement convenu que celui qui parle de la pauvreté sur un ton et avec une perspective plus pratique doit être arrêté [1] ».

D'après György Bálint (1906-1943), « l'essence de la pauvreté est pour cette raison l'exploitation, et par conséquent, une vulnérabilité totale. Les pauvres dépendent toujours d'autres, et leurs vies sont une lutte quotidienne pour survivre [2]. » Il affirme : « Aujourd'hui je n'ai plus peur des mendiants. Quand je les vois, je ressens un sentiment différent : la honte. J'ai honte quand je jette de l'aumône dans leurs paumes tendues, et j'ai honte quand je ne donne rien. J'ai honte dès que je les vois – j'ai tout simplement honte qu'ils soient dans ce monde, un monde dans lequel j'ai une place, et que j'ai eu peu de succès à changer [3]. »

D'après Albert Szent-Györgyi (1893-1986), « les riches sont ceux qui ont plus d'argent que ce qu'ils désirent et les pauvres sont ceux qui ont plus de désir que d'argent. Le travailleur non qualifié d'aujourd'hui a plus d'argent que les princes d'il y a quelques siècles. Ce qui nous rend pauvre, c'est le désir de davantage. Le secret du bonheur n'est pas d'obtenir plus, mais

1. Sándor Márai, *Un szegények iskolája*, Budapest, 1933.
2. Gondos Ernő, *Bálint György*, Budapest, 1969.
3. *Id.*

d'être heureux avec ce que nous avons et de remplir les espaces vides de nos vies plutôt que de les étendre [1]. »

Ferenc Móra considère que la pauvreté pourrait être éradiquée de la manière suivante : « Si les gens passaient un quart de leur temps à faire du bien aux autres autant qu'ils se font du mal à eux-mêmes, il n'y aurait pas de trace de pauvreté sur cette terre [2]. »

Argent

Le grand poète Sándor Petőfi (1823-1849) écrit que « la mer est l'argent dans lequel coulent beaucoup de bateaux : principe, caractère, honneur [3] ».

József Eötvös (1813-1871) dit que « de nos jours, les gens sacrifient même leurs préjugés à l'argent. C'est la mesure de son immense pouvoir [4] ».

---

1. Albert Szent-Györgyi, *Kis katekizmus*, dans *Válogatott tanulmányok* (*Études choisies*), 1988, p. 310.
2. Ferenc Móra, *Bolondságok, enyimek is, máséi is*, 1969, p. 83.
3. Sándor Petőfi, *Verstár : ötven költő összes verse*, Budapest, 2008.
4. József Eötvös, *Vallomások és gondolatok*, Miklós Bényei, Budapest, 1977, p. 752.

Attila József (1905-1937) considère que, « dans un État constitutionnel, l'argent est l'arme [1] ». Mór Jókai (1825-1904) analyse notre rapport à l'argent à travers la linguistique : « Le Hongrois reçoit de l'argent en échange de son labeur, l'Allemand "mérite" l'argent (*Geld verdienen*), l'Américain "fait" de l'argent (*to make money*). Des termes parfaitement typiques. Le Hongrois pauvre, on le voit, comme si on y était, comment il cherche de l'argent, dans quel buisson il va peut-être en trouver ; l'Allemand pieux, comment il transpire, fait des mains et des pieds, jusqu'à ce qu'il gagne la pièce d'argent ; le Français, le cœur léger, comment il prend des risques et il gagne, s'il trouve de l'argent c'est que quelqu'un d'autre l'a perdu ; alors que le yankee, le cœur lourd ne bouge pas, et, en taillant ses ongles, il "fait" de l'argent [2]. » Il écrit : « Beaucoup de grands hommes ont "beaucoup" d'argent : mais seulement le pauvre a assez d'argent [3]. »

Frigyes Karinthy (1887-1938) affirme : « Rockefeller et moi, nous avons une chose en commun – il a de l'argent, moi, je n'en ai pas [4]. »

---

1. József Attila, *Gyönyörűt láttam* dans *József Attila összes versei*, Budapest, 2006, p. 506.
2. Mór Jókai, *Jókai breviárium*, Budapest, 1924, p. 197.
3. *Ibid.*, p. 204.
4. Frigyes Karinthy, *Naplóm, életem*, Budapest, 1964, p. 278.

György Moldova (1934-2022) dit : « Je ne pense pas que les intérêts des pauvres peuvent être représentés par des milliardaires [1]. »

Tibor Déry (1894-1977) écrit que « les riches peuvent toujours s'amuser avec les pauvres, car ce sont eux qui ont l'argent, c'est-à-dire le pouvoir [2] ».

Mais Ferenc Deák (1803-1876) estime que « le pouvoir n'est qu'un moyen, le but est le bonheur des gens [3] ».

D'après Sándor Márai, « si nous regardons de suffisamment près, nous voyons que l'argent peut en effet acheter tout dans ce monde [...] et nous admettons volontiers que les possibilités de possession et de satisfaction à travers l'argent ne sont pas petites. Mais l'argent ne peut pas acheter, par exemple, l'aptitude de penser pour une personne bête – et admettons que penser est plus amusant que boire du champagne dans une brasserie en vogue à Marseille –, l'argent ne peut pas neutraliser la peur

---

1. Orbán Györgyi, « Nincs magyar baloldal, a baloldal én vagyok » (« Il n'y a pas de gauche hongroise, je suis la gauche »), Origo, 2014.

2. Tibor Déry, « A félfülű », dans *A gyilkos és én. Kisregények*, Budapest, 1977, p. 193.

3. Ferenc Deák, *Deák Ferenc 1861-iki első felirati beszéde*, Budapest, 1898, p. 6.

de la mort, ou acheter l'aptitude de chanter ou le sens de l'humour [1]. »

Inflation

Pour Albert Szent-Györgyi, « la plupart du temps, l'inflation n'est pas autre chose qu'une forme de vol massif fait par le gouvernement ; le gouvernement dépense ce que le citoyen a épargné [2] ».

Nicholas Kaldor (1908-1986) attire l'attention sur le fait que « casser l'inflation se fait toujours au détriment de l'emploi [3] ».

Billet de banque

Zsigmond Móricz (1879-1942) considère que « cette horrible invention, le papier-monnaie, a détruit la valeur de la richesse, c'est-à-dire son honneur ; il tourne vite, une quantité énorme, il est échangé rapidement, il vient, il part, il est une brise : il rend tout dans la vie si transitoire [4] ».

---

1. Sándor Márai, *Un szegények iskolája*, *op. cit.*

2. Albert Szent-Györgyi, *Kis katekizmus*, *op. cit.*, p. 308.

3. Nicholas Kaldor, « Inflation and Recession in the World Economy », *The Economic Journal*, Oxford University Press, vol. 86, n° 344, décembre 1976.

4. Zsigmond Móricz, *Giotto és Rafael*, dans *Móricz Zsigmond novellák III*, Budapest, Osiris Classics, 2003, p. 21.

Capitalisme

D'après Arthur Koestler (1905-1983), « le capitalisme est l'exploitation de l'homme par l'homme. Le socialisme est exactement l'inverse. »

Pouvoir

D'après Lajos Kossuth (1802-1894), « le grand secret du pouvoir est le suivant : savoir que les autres sont encore plus lâches que nous [1] ».

1. Lajos Kossuth, *Kossuth összes munkái 6. Ifjúkori iratok. Törvényhatósági tudósítások*, 1966, p. 184.

République tchèque

Budget

D'après Joseph A. Schumpeter (1883-1950), « le mérite de Goldscheid est d'avoir été le premier à mettre l'accent sur cette façon d'envisager l'histoire fiscale, d'avoir diffusé la vérité selon laquelle "le budget est le squelette de l'État dépouillé de toute idéologie trompeuse", une collection de faits durs et nus qui doivent encore être ramenés dans le domaine de la sociologie [1] ».

1. Joseph A. Schumpeter, *The Crisis of the Tax State*, version élargie du discours fait par Schumpeter devant la Wiener Soziologische Gesellschaft, publié en 1918, sous le titre « Die Krise der Steuerstaates », n° 4 de *Zeiqragen zu dem Gebiet der Soziologie*, trad. de l'allemand par Wolfgang F. Stolper et Richard A. Musgrave, publié en 1954 dans *International Economic Papers*, n° 4.

Innovation

Dans la *Théorie de l'évolution économique*, Joseph A. Schumpeter, qui a défendu toute sa vie la nécessité de la concurrence, avertit : « L'introduction de nouvelles méthodes de production et de nouvelles marchandises est difficilement concevable si, dès l'origine, les innovateurs doivent compter avec des conditions de concurrence parfaite et parfaitement rapide. »

En effet, la manufacture des Glaces (dénommée plus tard Saint-Gobain, créée pour concurrencer les miroirs vénitiens et qui a produit les 357 glaces de la Galerie des Glaces de Versailles), Airbus (fondée pour concurrencer Boeing) ou l'invention d'Internet n'auraient pas pu exister sans un coup de pouce étatique initial.

Pour Joseph A. Schumpeter, « le nouveau ne sort pas de l'ancien, mais apparaît à côté de l'ancien, lui fait concurrence jusqu'à le ruiner [1] ». C'est ce qu'il appelle la « destruction créatrice ».

---

1. Joseph A. Schumpeter, *Capitalisme, socialisme et démocratie* [1942], Paris, Payot, 1990.

Cycle

Joseph A. Schumpeter explique que les cycles sont inhérents à l'économie de marché : « Les cycles ne sont pas comme des amygdales, que l'on peut traiter séparément, mais ils sont comme des battements de cœur, l'essence de l'organisme qui les abrite [1]. »

Capitalisme

Dans *Capitalisme, socialisme et démocratie*, Joseph A. Schumpeter écrit que « la démocratie moderne est un produit du processus capitaliste » et que « le pacifisme et la morale internationale modernes n'en sont pas moins des produits du capitalisme ».

Entrepreneur

Dans la *Capitalisme, socialisme et démocratie*, Joseph A. Schumpeter définit l'entrepreneur de la

1. Joseph A. Schumpeter, *Business Cycles. A Theoretical, Historical and Statistical Analysis of the Capitalist Process*, New York, McGraw-Hill Book Company, 1939.

manière suivante : « L'entrepreneur [...] est le révolutionnaire de l'économie. [...] Entreprendre consiste à changer un ordre existant. »

Inflation

Dans *Capitalisme, socialisme et démocratie*, Joseph A. Schumpeter assimile l'inflation à une expropriation monétaire : « L'inflation exproprie sans douleur, par un procédé d'une élégante simplicité, les détenteurs de droits libellés en monnaie. »

Un aphorisme tchèque avertit : « Lorsque le niveau des prix augmente, personne ne se préoccupe de savoir si nous savons nager [1]. »

Dette

Comme le souligne Joseph A. Schumpeter, « on ne peut devenir entrepreneur qu'en devenant auparavant débiteur. S'endetter appartient à l'essence de l'entreprise et n'a rien d'anormal [2]. »

---

1. Zdeňka Ortová, Antonín Hrubý, Roman Hrubý, *Život tropí aforismy : i malé peníze mohou hrát v životě velkou roli*, Prague, Nová Inspirace, 1992.

2. Joseph A. Schumpeter, *Théorie de l'évolution économique. Recherche sur le profit, l'intérêt et le cycle* [1911], trad. de l'allemand par Jean-Jacques Anstett, Paris, Dalloz, 1999.

Progrès

Franz Kafka (1883-1924) précise que « croire au progrès ne signifie pas qu'un progrès ait déjà eu lieu ».

Richesse

Franz Kafka interroge : « Qu'est-ce que la richesse ? Il en est pour qui une vieille chemise est déjà une fortune. Un autre se trouve pauvre avec dix millions. Au fond, il ne s'agit que d'une situation. »

Un dicton populaire tchèque dit que « la richesse donne naissance à l'envie, la pauvreté à la haine ».

Pauvreté

Un proverbe tchèque énonce que « lorsque la pauvreté rentre par la porte, l'amour saute par la fenêtre ».

Image de marque

Milan Kundera, un grand écrivain qui s'interroge dans ses romans sur « l'insoutenable légèreté de l'être » et le sens de l'existence, affirme qu'« après avoir été longtemps le cerveau de l'Europe, Paris est encore aujourd'hui la capitale de quelque chose de plus que la France [1] ».

Utilité

Milan Kundera ironise : « Que signifie "être utile" ? La somme de l'utilité de tous les humains de tous les temps se trouve entièrement contenue dans le monde tel qu'il est aujourd'hui. Par conséquent : rien de plus moral que d'être inutile [2]. »

Économie de marché

Parlant de communisme, Milan Kundera affirme que « le privé et le public sont deux mondes différents par essence, et le respect de cette différence est la condition *sine qua non* pour qu'un homme puisse vivre en homme libre [3] ».

---

1. Entretien avec Antoine de Gaudemar, février 1984.
2. Milan Kundera, *L'Immortalité*, Paris, Gallimard, 1990.
3. Milan Kundera, *Les Testaments trahis*, Paris, Gallimard, 1993.

Argent

Vladimír Renčín (1941-2017) dit que « l'argent ne rend pas heureux mais chacun veut s'en assurer personnellement [1] ».

Le philosophe Johann Amos Comenius (1592-1670) avertit : « L'argent te quitte plus facilement qu'il est venu. »

Un proverbe dit que « si tu veux perdre un ami, emprunte-lui de l'argent ».

Un autre énonce que, « dans les temps modernes, même un roi est plus en sécurité avec des dollars dans ses poches qu'une couronne sur la tête [2] ».

Le mathématicien Stanislav Komenda (1936-2009) constate que « la patience vient à manquer plus rapidement si en même temps l'argent vient à manquer aussi [3] ».

Vladimír Syrovátka (1908-1973), athlète olympique, estime en tant que canotier professionnel qu'« il est plus simple de se noyer les poches pleines

---

1. Vladimír Renčín, Václav Burian, *Lehčí kalibr : aforismy a sentence*, Olomouc, Nord, 1994.
2. Zdeňka Ortová, Antonín Hrubý, Roman Hrubý, *Život tropí aforismy*, *op. cit.*
3. Stanislav Komenda, *Úvahy a aforismy křížem krážem*, Olomouc, Alda, 1999.

d'argent[1] ». D'après lui, « contrairement aux bienfaits, les méfaits peuvent se traduire en argent[2] ». « L'argent est un bon moyen, mais un mauvais but[3]. » Il affirme aussi : « Aux États-Unis, le temps n'est pas de l'argent ; aux États-Unis, tout est de l'argent[4]. »

Un dicton populaire dit que « ce qui est gagné facilement est perdu facilement ».

Taux d'intérêt

Comme l'explique Eugen von Böhm-Bawerk (1851-1914) dans la *Théorie positive du capital*, « l'intérêt n'est entaché d'aucun vice. Il est le résultat naturel [...] de ce fait économique que les biens présents ont une valeur plus grande pour les hommes que les biens futurs. »

1. Vladimír Syrovátka, *Pokrok je blbec !? 777 sentencí a aforismů*, Prague, Dokořán, 2006.
2. Vladimír Syrovátka, Miroslav Barták, *Život je, když. 1111 sentencí, aforismů a magorismů*, Prague, Dokořán, 2010.
3. *Id.*
4. *Id.*

Valeur

Pour Vladimír Syrovátka, « tout ce qui a de la valeur est le résultat d'un effort [1] ». Il considère que « la pauvreté est le bon moyen de se rendre compte des vraies valeurs [2] ».

Écologie

Vladimír Syrovátka estime que « là où l'économie fleurit, les fleurs se fanent [3] ». D'après lui, « que cela soit possible d'avoir une croissance économique illimitée dans une planète limitée, c'est une idée qui peut être seulement celle d'un économiste, d'un homme politique ou d'un fou [4] ». En ce qui concerne notre attitude face au changement climatique, Vladimír Syrovátka dit que « notre paradis consumériste peut être comparé au Titanic ; on danse encore sur le pont supérieur [5] ».

---

1. Vladimír Syrovátka, *Pokrok je blbec !?*, *op. cit.*
2. *Id.*
3. *Id.*
4. Vladimír Syrovátka, Miroslav Barták, *Život je, když*, *op. cit.*
5. *Id.*

Industrialisation

Vladimír Syrovátka écrit que « l'industrialisation aurait dû nous apporter une paix éternelle ; mais l'industrie demande des ressources pour lesquelles il faut combattre [1] ».

Globalisation

D'après Vladimír Syrovátka, « toutes les tentatives de la mondialisation, même celle d'aujourd'hui, sont construites sur la même prémisse : voler les voisins [2] ».

Corruption

Vladimír Syrovátka observe que « connecter la politique avec les affaires est une astuce qui rend l'État plus pauvre et les hommes politiques plus riches [3] ».

En termes d'investissement rentable, Miroslav Kemel (1963-) arrive à la conclusion selon laquelle

---

1. *Id.*
2. *Id.*
3. *Id.*

« d'après tous les indices, la meilleure option est d'investir dans la corruption ».

Économie

Ainsi s'exprime l'économiste Tomáš Sedláček (1977-) : « La science économique est une croyance comme les autres. D'après moi, le plus grand acte d'hérésie des temps modernes est la conviction que quelque chose ne provient pas d'une croyance. Que c'est absolument réel et vrai [1]. »

Temps

Jan Werich (1905-1980), acteur, auteur dramatique et écrivain, dit que « les hommes ont créé le temps pour savoir de quand à quand et ce qu'ils obtiennent pour lui ».

Commerce

Tomáš Baťa (1876-1932), fondateur du groupe industriel des chaussures Bata, considère qu'« une

1. Aleš Palán, « Sedláček rozebírá ekonomické fetiše. Navazuje na úspěšný debut Ekonomie dobra a zla », *Hospodářské noviny*, 17 août 2012.

bonne affaire est celle qui rend toutes les parties prenantes heureuses ». Il dit aussi que « si tu veux construire une grande entreprise, il faut que tu te construises toi-même d'abord » et que « chaque activité humaine se projette d'une manière ou d'une autre en nombres ».

Estonie

Sans-abri

Juhan Liiv (1864-1913) est l'un des poètes les plus connus et aimés en Estonie. En 1905, il a écrit le poème « Le sans-abri » :

« J'ai quitté la ville. Il neige.
Aucun travail pour moi.
Il neige. Mes pieds sont fatigués.
J'avais faim, faim. »

Inégalités

Lennart Meri (1929-2006), écrivain, metteur en scène de cinéma et président de l'Estonie de 1992 à 2001, considère à l'issue de son mandat que « le moyen le plus efficace de réduire les inégalités est d'investir dans l'éducation ».

L'historien Jaak Valge (1955-) affirme en 2008 que, « par exemple, l'Estonie a été pendant l'entre-deux-guerres un pays très homogène du point de vue social et économique, l'écart entre les riches et les dix pour cent les plus pauvres de la population étant moindre qu'aujourd'hui. La stratification a augmenté au niveau mondial dans les toutes dernières décennies. »

L'État providence

Lennart Meri dit : « L'État estonien est onéreux et l'État estonien est cher. Il est onéreux pour le portefeuille du citoyen et cher à son cœur. »

Réforme économique

En 1998, Lennart Meri affirme : « La réforme économique signifie, dans un langage simple, une redistribution d'actifs. C'est un sale moment partout. »

Crise

En 1997, Lennart Meri explique que « la situation est merdique, mais c'est l'engrais pour l'avenir ».

En 1932, Joakim Puhk (1888-1942), fondateur de la Chambre de commerce et d'industrie estonienne, affirme : « Notre situation économique est difficile, mais nous pouvons nous en sortir si nous continuons à nous en tenir aux objectifs et aux fondamentaux de la vie économique. Passer d'un extrême à l'autre est dangereux, surtout en temps de crise économique, laquelle est similaire par nature à la guerre économique. »

En 2020, Rainer Kattel (1974-), professeur d'innovation et de gouvernance publique, déclare : « La crise globale démontre que l'innovation est politique : qui, comment et avec quels moyens il crée de nouvelles opportunités n'est pas une loi de la nature, mais une décision commune à nous tous. Depuis plus de dix ans, le gouvernement estonien a essayé de canaliser la recherche et les fonds de développement afin d'atténuer les défis sociétaux. En vain, car nous regardons les problèmes par le petit bout de la lorgnette. Nous avons besoin d'être en osmose avec le débat mondial sur l'innovation qui change sans cesse, qui dans l'ère post-Covid sera probablement de moins en moins l'apanage du riche homme blanc. »

Chaînes internationales de création de valeur

Erik Terk (1952-), professeur de management et d'études de l'avenir à l'université de Tallinn, explique en 2019 : « Le problème avec l'économie estonienne n'est pas tant le manque d'innovation que le faible positionnement dans les chaînes internationales de création de valeur. »

Travail

Andrus Kivirähk (1970-), l'un des plus célèbres écrivains estoniens contemporains dont les œuvres ont été souvent adaptées à l'écran, dit en 2016 : « Il n'est pas possible de travailler seulement quand on en a envie. L'envie ne vient pas toute seule, elle doit être créée, et la seule manière de le faire est de s'asseoir à son ordinateur et de commencer à travailler. »

Digitalisation

L'Estonie a été un pays européen précurseur en termes de transformation digitale. Meelis Kitsing (1973-), recteur et professeur d'économie politique de l'Estonian Business School, affirme en 2021 : « À la différence de ce qui se passe dans d'autres pays de l'Union européenne, les interactions digitales sont entièrement incorporées en Estonie. Certains de ses services sont faciles à comprendre, comme la banque en ligne dont les Estoniens sont des utilisateurs depuis 1996. D'autres sont spécifiques à l'Estonie, tel le vote par Internet, qui a été mis à la disposition de la population depuis 2005 et est utilisé par presque la moitié des votants. Certaines interactions sont invisibles mais fondamentales pour tout le système économique – comme X-Road – qui, en tant qu'épine dorsale de l'infrastructure digitale, facilite le partage des données entre des organisations publiques et privées. »

En 2018, Raul Eamets (1964-), économiste et doyen de l'université de sciences sociales de l'université de Tartu, affirme : « La convergence des technologies [...] (biotechnologie, applications informatiques, nanotechnologies, etc.) augmentera en valeur. La digitalisation de la production, l'automatisation et l'impression en 3D sont devenues une part inévitable de l'économie traditionnelle. Le *big data* et les possibilités qui résultent de son traitement sont un champ séparé. »

Faire des affaires

Eduard Vilde (1865-1933), un grand écrivain classique de la littérature estonienne, est l'auteur de la comédie estonienne la plus connue, *Pisuhänd*, qui parle de l'ascension sociale dans les cercles intellectuels et économiques estoniens. Pour le personnage Piibeleht : « Faire des affaires signifie ne pas avoir honte. »

Formation continue

Pour Urmas Varblane (1961-), économiste, en 2023, « la formation continue est la base de tout changement et de tout succès de l'économie estonienne ».

Stratégie d'État

Urmas Varblane énonce les propos suivants : « Un pays qui réussit a tout un ensemble de capacités que l'Estonie pourrait s'efforcer de posséder. La chose la plus importante est d'avoir une vision stratégique et d'être adaptable. En tant que petit pays, l'Estonie ne peut pas se permettre de prendre des décisions à court terme. La capacité de répondre rapidement et de manière appropriée aux changements de notre environnement demande une pensée stratégique au niveau de l'État, des entreprises et de chaque citoyen. Nous devrions observer les développements stratégiques globaux beaucoup plus, prêter davantage d'attention à l'endroit vers lequel le centre de gravité mondial se déplace et élaborer nos stratégies en conséquence. Mais cela signifie aussi être capable de voir les conséquences de notre omission. »

Doctorat

Kadri Ukrainski (1974-), économiste, professeur de politique de recherche et d'innovation à l'université de Tartu, affirme en 2014 : « Si nous souhaitons jouer en première division, nos entreprises et établissements d'État devraient aussi avoir la capacité de la première division de garder les personnes avec un doctorat dans l'équipe. » En effet, contrairement aux États-Unis, l'Union européenne, à l'exception de l'Allemagne, ne donne pas la juste place aux titulaires d'un doctorat, ce qui nuit gravement à sa compétitivité.

Libéralisme

L'économiste Kalev Kukk (1951-) raconte que, lors de la restauration de l'indépendance de l'Estonie en 1991, « la plupart des forces politiques considéraient que le succès économique de l'Estonie peut seulement être basé sur l'ouverture, c'est-à-dire sur l'établissement d'un régime commercial très libéral. »

Slovénie

Petit pays [1]

« C'est une malchance quand un petit État a trop de grands hommes. »

Économiste

« Alors que nous sommes en train de nous noyer, les économistes conseillent le gargarisme comme cure. »

1. Les citations des rubriques comprises entre « Petit pays » et « Monnaie » proviennent toutes du livre *Aphorismes* (trad. du slovène par Pierre Roudy, Soleil natal, 1997) de Žarko Petan (1929-2014), un grand écrivain et scénariste.

Corruption

« Les bons et honnêtes hommes peuvent aussi être achetés ; mais tu dois payer un bon et honnête prix pour cela. »

Inflation

« Ce n'est pas la viande qui est devenue plus chère mais l'argent qui est devenu moins cher. »

« Mourez aujourd'hui : demain les funérailles coûteront encore plus cher. »

La fuite des cerveaux

« L'export de l'intelligence n'est pas très intelligent. »

Socialisme

« Dans les pays socialistes, même les crises sont nationalisées. »

« Le socialisme est le paradis pour les touristes capitalistes. »

« Démolir au nom du progrès est aussi insensé que construire au nom de la régression. »

« J'aimerais voir finie la construction du socialisme sur cette terre, mais s'il vous plaît, pourrais-je voir les plans d'abord ? »

« Je suis pour une révolution culturelle à condition que les révolutionnaires soient cultivés. »

État

« Au début ils te prennent le pantalon et après ils te disent de te serrer la ceinture. »

« La stupidité serait-elle un monopole d'État ? »

Monnaie

« C'est ironique que la monnaie saine semble provenir seulement de pays malades. »

Argent

L'écrivain Josip Stritar (1836-1923) fait remarquer que « l'argent a un pouvoir étrange, il attire tout, il s'entasse ; et il n'y aura plus qu'une poignée de riches dans le monde, tous les autres seront des mendiants ! L'argent est impitoyable ! » Stritar met en garde : « Celui qui a de l'argent est le maître, le pouvoir et le droit sont les siens, tout est à lui ;

l'argent donne tout, tout ce que son cœur désire et malheur à celui qui tombe sous son joug ! »

D'après le poète, écrivain et dramaturge Ivan Cankar (1876-1918), « avec de l'argent, un homme est un maître, sans argent, il est un esclave ».

Pauvreté

Pour le philosophe Slavoj Žižek (1949-), « la pauvreté n'est pas un manque d'argent, mais un manque d'opportunités. Aujourd'hui, vous êtes riche si vous possédez votre temps ».

L'écrivain Franci Zagoričnik (1933-1997) considère que « la pauvreté est un tapis silencieux qui recouvre les épines de la richesse ».

État

Janez Drnovšek (1950-2008), ancien président de la république de Slovénie, affirme que « le progrès économique doit être au service d'une vie meilleure pour tous, et pas seulement pour quelques-uns ».

D'après le scénariste Tone Partljič (1940-), « l'État n'est pas seulement le détenteur du pouvoir, mais aussi le gardien de l'intérêt commun ».

La femme d'État Spomenka Hribar (1941-) dit qu'« une société se mesure à la façon dont elle s'occupe de ses membres les plus vulnérables ». Elle attire l'attention sur le fait que « nous avons la possibilité qu'un jour ce pays commence à travailler pour son peuple ».

Maša Stošič se demande : « À quoi servent nos belles façades si nous manquons de contenu ? »

Impôts

Pour Tone Partljič, « les impôts sont un soutien fondamental au développement de la société et à l'égalité des chances ».

Richesse

L'écrivain Janez Mencinger (1838-1912) fait remarquer que « la richesse en elle-même ne procure pas de plaisir, mais elle soumet l'esprit humain au pouvoir passager des choses ».

Tone Partljič considère que « la richesse sans morale n'est qu'un tas de chiffres vides ».

Positionnement

Andrej Velkavrh (1959-) considère que, pour évoluer, il faut se fixer des objectifs ambitieux : « Il fut un temps où nous espérions, au moins tacitement, devenir une autre Suisse. Si ce n'est pas le cas, c'est que nous visons beaucoup trop bas. »

Risques

Matjaž Gruden nous invite à faire attention à ce que nous entreprenons et à ne pas prendre des risques sans penser aux conséquences : « À un moment donné, jouer avec le feu prend une dynamique propre, qui ne peut plus être arrêtée, même par la première personne qui allume la torche. » Il se fait l'écho des Grecs qui jugeaient que le début ne laisse pas présager la fin. Chez Hérodote, Artabante cite un « vieux proverbe » pour inviter Xerxès à la prudence : « Qui sait comment cela va finir ? On sait comment ça commence, on ne sait pas comment ça finit. »

Patriotisme économique

Le poète Simon Gregorčič (1844-1906) écrit : « Ce que vous faites pour vous-même disparaît avec vous. Ce que vous faites pour la nation reste pour toujours. »

Lituanie

Histoire monétaire

Vladas Jurgutis (1885-1966), économiste, professeur et prêtre lituanien qui, en tant que premier président de la Banque de Lituanie, est considéré comme « le père des litas lituaniennes », affirme que « l'argent, ce *nervi rerum*, est non seulement la base de toute l'économie privée, mais aussi des économies publique et nationale, parce que non seulement le bon travail de l'économie privée dépend du système monétaire, mais également le bien-être économique, culturel et politique de toute la nation [...]. Dans l'histoire monétaire, comme dans un kaléidoscope passe non seulement l'histoire de l'État, mais aussi celle de toute la nation. »

Travail

Jonas Jablonskis (1860-1930), un éminent linguiste, écrit : « Le travail n'a pas de jambes, il ne vient pas lui-même nous retrouver. Nous devons le chercher par nous-mêmes partout et tout le temps. »

Propriété

Stasys Šalkauskis (1886-2004), philosophe, pédagogue et recteur de l'université Vytautas-Magnus, dit : « Ce n'est pas la propriété individuelle, prêchée par l'individualisme, ni la propriété publique prêchée par le socialisme, mais la copropriété de l'individu et de la société qui est la plus appropriée pour la vie humaine. »

Kazimieras Saja (1932-), écrivain, homme politique et signataire de l'Acte pour le rétablissement de l'État de Lituanie en 1990, affirme : « La propriété qui a le plus de valeur est celle qui ne pèse rien. »

Carrière

Leonidas Donskis (1962-2016), philosophe, historien des idées, professeur de politique et membre du Parlement européen de 2009 à 2014, se demande : « Qu'est-ce que c'est qu'une carrière immersive ? Une transition étourdissante de vivre chaque moment de ta vie à planifier en mois et en années.

Dans les familles heureuses, les enfants ne sont pas forcés à devenir des adultes trop rapidement et à s'immerger dans la prose de la vie. Ainsi, dans les sociétés qui ne manquent pas de respect pour la liberté humaine et de spontanéité, les jeunes ne sont pas immergés brutalement dans une vie d'adulte prédictible et dans une sociabilisation accélérée de force, une carrière professionnelle et un accès au succès. »

Bureaucratie

Leonidas Donskis s'interroge : « Qu'est-ce qui se cache derrière la montée en puissance de la bureaucratie et dans la conviction qui croit sans cesse que ceci est nécessaire ? Rien d'autre qu'une méfiance fondamentale, presque médiévale de l'individu, se basant aveuglément sur le contrôle institutionnel. »

Bien-être

Algimantas Čekuolis (1931-), journaliste et écrivain, explique : « Désormais nous savons tous que le bien-être d'une nation ne dépend pas de la zone géographique où le pays se trouve (par exemple, Russie, Kazakhstan, Argentine, pays africains), mais du niveau de civilisation de ses habitants et du système démocratique (Pays-Bas, Belgique, Luxembourg, Angleterre, l'Allemagne actuelle, pays scandinaves). »

Danemark

Don

Dans *Les Deux Baronnes* (1849), le fameux romancier, conteur, dramaturge et poète Hans Christian Andersen (1805-1875) écrit : « Les petits dons sont reçus avec gratitude, les grands avec cupidité. »

Spécificité nationale

Poul Schlüter (1929-2021), Premier ministre du Danemark entre 1982 et 1993, affirme en 1982 : « Le Danemark est le pays où on mange vert, on vote rouge et on travaille au noir [1]. »

1. Pia Jarvad, *Bevingede ord*, Copenhague, Gads Forlag, 2006.

Maître

Un proverbe danois recueilli en 1682 par le folkloriste Peder Syv (1631-1702) dit : « Nous serons tous maîtres ; personne ne portera le sac [1]. »

Égalité salariale

La rectrice et académicienne Aagot Lading demande en 1939 : « Salaire égal pour travail égal [2]. »

Fiscalité

Poul Martin Møller (1794-1838) est un écrivain, poète et philosophe considérant que « l'argent est mieux dans la poche des citoyens [3] ».

1. *Id.*
2. *Id.*
3. *Id.*

Luxembourg

Richesse

Dans le livre *Luxembourgeois, qui êtes-vous ?*, Jul Christophory (1939-) affirme que le Luxembourg doit sa prospérité à sa mentalité : « Petit pays encore follement riche avant la Deuxième Guerre mondiale, où le moindre boulanger ou boucher du moindre petit village s'offrait de somptueuses voitures américaines, ce n'est pas au capitalisme qu'il devait sa fortune. C'est je crois à une conception rabelaisienne de l'existence, à une simplification des rapports humains, peut-être à une interprétation particulière de l'esprit des lois et à une discipline dans le travail. Car tous ses personnages travaillaient comme des bœufs. Il n'existait qu'un mendiant à Luxembourg. Il était français [1]... »

Dans le livre *Comment rester ce que nous sommes !*, Georges Erasme Muller (1925-2010) attire l'attention sur la tragédie des riches : « Une autre tragédie passe inaperçue : celle des riches. Quels que soient leurs efforts de gaspillage ils n'arrivent plus à s'appauvrir. C'est en vain qu'ils s'achètent des résidences secondaires, tertiaires et quaternaires sur les rivages les plus exotiques, visitent leurs cousins d'Amérique tous les week-ends et offrent des Porsche et des Jaguar à leurs enfants avant qu'ils sachent conduire. Rien n'y fait, leur compte en banque n'arrête pas de prendre du ventre [2]. »

Jul Christophory ironise sur le fait que nous sommes plus tolérants envers les riches qu'envers les pauvres :

« Le monde est un sac plein d'écrevisses
Où l'une pince l'autre
Celles d'en haut sont bercées
Celles d'en bas écrasées
L'homme riche a beau être idiot

1. « Prospérité, démographie et piston », dans Jul Christophory, *Luxembourgeois, qui êtes-vous ? Échos et chuchotements*, Luxembourg, G. Binsfeld, 1984, p. 132.

2. George Erasmus, Alison Koch-Kent, *Comment rester ce que nous sommes !*, Esch-sur-Alzette, Le Phare, 2002, p. 179.

Néanmoins il fera son magot ;
Mais la bêtise du pauvre diable
Est proprement impardonnable [1]. »

Union européenne

Dans son discours « Die europäischen Institutionnel » (« Les institutions européennes ») du 15 janvier 2002, Jean-Claude Juncker (1954-), président de la Commission européenne de 2014 à 2019, explique : « Si maintenant certaines personnes, non versées en histoire, s'empressent de faire circuler le slogan "En Europe, c'est avant tout l'économie qui compte", je réponds qu'en Europe l'économie est certes importante, mais qu'il n'y a pas que l'économie qui compte. L'économie est un moyen pour atteindre une fin, ce n'est pas une fin en soi. C'est pourquoi l'économie doit être complétée par le social. On ne peut pas construire l'Europe contre la volonté des travailleurs [2]. »

Il précise aussi : « Je ne veux pas que le débat sur l'avenir de l'Europe ne soit qu'un seul débat sur la

1. « Prospérité, démographie et piston », dans Jul Christophory, *Luxembourgeois, qui êtes-vous ?*, *op. cit.*, p. 135.
2. Albin Wallinger, Serge Spellini, *Prominente über Jean-Claude Juncker*, Luxembourg, Prom Verlag, 2013, p. 115.

réforme des institutions de l'Union européenne. » Jean-Claude Juncker affirme : « L'Europe doit respirer à pleins poumons, elle en a deux, l'un à l'Est et l'autre à l'Ouest, autrement elle s'essoufflera. » Pour Jean-Claude Juncker, le vote en faveur du Brexit est « un moment triste et tragique. Mais nous devons respecter la volonté du peuple britannique. Nous avancerons parce que le Brexit n'est pas l'avenir de l'Europe [1]. »

Union des marchés des capitaux

Contrairement aux entreprises américaines, les entreprises européennes dépendent majoritairement du crédit bancaire. En 2016, dans son discours sur l'état de l'Union, Jean-Claude Juncker affirme : « Une économie presque totalement dépendante du crédit bancaire est mauvaise pour la stabilité financière. C'est également mauvais pour les entreprises, comme nous l'avons vu pendant la crise financière. C'est pourquoi il est maintenant urgent d'accélérer nos travaux concernant l'Union des marchés des

1. Joël Chatreau, « Les plus fortes déclarations de J.-C. Juncker sur l'état de l'UE », *Euronews*, 13 septembre 2017.

capitaux. La Commission vous présente aujourd'hui une feuille de route concrète en ce sens [1]. »

Immigration

Jean-Claude Juncker rappelle aux Européens qu'un membre de chacune de nos familles a été un jour un réfugié : « Nous, Européens, nous devons nous souvenir que l'Europe est un continent où presque chacun a un jour été un réfugié. Notre histoire commune est marquée par ces millions d'Européens qui ont fui les persécutions religieuses ou politiques, la guerre, la dictature ou l'oppression [2]. »

Dans son livre *La Réhabilitation du politique. Sur la prétendue impuissance du politique face à la seule toute-puissance apparente de l'économie*, Romain Kirt affirme : « Le Luxembourg fait inévitablement partie des pays les plus prospères du monde. À cela s'ajoute le fait que nous, Luxembourgeois, disposons d'une longue expérience en matière d'ouverture vers l'extérieur et de diversité à l'intérieur ; nous sommes depuis toujours le paradigme de la société ouverte

---

1. « Le discours sur l'état de l'Union 2016 du président Juncker », 14 septembre 2016.
2. « "Chaque européen a été un réfugié" : votez pour la citation de la semaine », *Le Soir*, 12 septembre 2015.

décrite par Karl Popper ; nous avons pour ainsi dire une tradition d'ouverture et de diversité. C'est la raison pour laquelle le nom de Luxembourg est souvent associé non seulement à un petit État prospère au cœur de l'Europe, mais aussi et surtout à un état d'esprit dont les éléments constitutifs sont l'ouverture, la tolérance et l'hospitalité (envers les travailleurs immigrés). »

Jean-Claude Juncker considère que les travailleurs détachés doivent avoir les mêmes droits que les autres dans l'Union européenne : « Dans une Union entre égaux, il ne peut y avoir [...] de travailleurs de deuxième classe. Ceux qui effectuent le même travail au même endroit doivent pouvoir obtenir le même salaire [1]. »

Paradis fiscal

En 2008, Jean-Claude Juncker témoigne : « Le président Sarkozy et le Premier ministre François Fillon m'ont assuré qu'ils ne pensaient pas au Luxembourg lorsqu'ils critiquaient les paradis fiscaux [2]. »

---

1. Joël Chatreau, « Les plus fortes déclarations de J.-C. Juncker sur l'état de l'UE », art. cité.

2. Albin Wallinger, Serge Spellini, *Prominente über Jean-Claude Juncker*, *op. cit.*, p. 97.

Pour lutter contre l'évasion fiscale, le Luxembourg a supprimé le secret bancaire pour les particuliers ressortissants de l'Union européenne titulaires de comptes sur son sol : « Nous pouvons, sans grand dommage, instaurer un échange automatique d'informations bancaires à partir du 1er janvier 2015 [1] », a déclaré en 2013 Jean-Claude Juncker, à l'époque Premier ministre du Luxembourg, au Parlement européen.

Petit pays

Jean-Claude Juncker commente ainsi le positionnement des petits pays par rapport aux grands : « Les petits pays ont besoin d'une politique de niche intelligente. Les grands pays vendent des armes, les petits pays commercialisent des niches [2]. »

Dans le livre *Mon Luxembourg*, Stéphane Bern (1963-) écrit : « Au carrefour de l'Europe, aux confins des civilisations latine et germanique, le grand-duché de Luxembourg a toujours su préserver cette richesse des paysages et des sites, alliée à une

1. Michele Sinner, « Le Luxembourg lève le secret bancaire pour l'UE », *Les Echos*, 10 avril 2013.

2. Albin Wallinger, Serge Spellini, *Prominente über Jean-Claude Juncker*, *op. cit.*, p. 54.

réussite industrielle et économique, sans perdre jamais son identité culturelle forte au terme d'une longue histoire d'occupations étrangères. Par sa situation géographique, l'exiguïté de son territoire, et les contraintes politiques et économiques qui s'en dégagent, le Luxembourg a su conjuguer sa farouche volonté d'indépendance avec sa volonté de participer activement à la construction européenne. »

En 2020, dans l'article « Qu'est-ce qu'un petit pays ? » de Claude Wey (1954-), il est écrit que « le Luxembourg constitue certes un pays multiculturel de petite dimension économiquement riche et politiquement stable, autant qu'il revêt la fonction de pôle d'attraction dynamique au niveau de la Grande Région. Doté d'une richesse matérielle remarquable, ce "petit pays" a pourtant du mal à résoudre les problèmes d'aménagement du territoire et d'infrastructure routière, à remédier à la crise généralisée du logement, à pallier les carences des services sanitaires et hospitaliers, à promouvoir un développement économique durable et à se défaire de son image de "paradis fiscal". »

Globalisation

Lors de la conférence du 29 septembre 2006 sur la globalisation à Luxembourg, Jean-Claude Juncker demande : « Où est-il en fait écrit, même dans les Saintes Écritures, qu'il existe un droit naturel des Luxembourgeois et de leurs voisins de pouvoir revendiquer la richesse du monde pour eux seuls et de manière exclusive ? Et que les autres ne peuvent pas prétendre à cette prospérité [1] ? »

Taxe sur les transactions financières

En septembre 2009, Jean-Claude Juncker explique : « Si nous avons besoin d'un tampon de l'Enregistrement pour passer la station de contrôle en voiture, mais qu'il n'y a pas de taxes à payer sur les transactions boursières, c'est que quelque chose ne fonctionne pas. Mais quand je dis cela, les banquiers ont des sueurs froides [2]. »

Logement

En 2011, Fernand Entringer écrit : « Il faudra repenser la notion de territoire. Il ne suffit pas de vociférer de temps à autre contre la spéculation immobilière au Luxembourg, il faut aborder la question avec intelligence. Elle ne peut l'être que dans le

1. *Ibid.*, p. 80.
2. *Ibid.*, p. 19.

cadre de la grande région, ce qui implique la solution de nombreuses questions, notamment fiscales [1]. »

En mars 2023, dans l'article « Éléments de réflexion sur la situation du logement », l'économiste Michel-Édouard Ruben affirme : « 80 % des Luxembourgeois sont propriétaires de leur résidence principale – ce qui est confortablement élevé – et 50 % des résidents étrangers le sont également – ce qui est quasiment le double du taux moyen (26 %) de propriétaires parmi les résidents étrangers dans les pays européens. Le Luxembourg est ainsi ce qu'il convient d'appeler une démocratie de propriétaires. » À titre de comparaison, 57,7 % des ménages français sont propriétaires de leur résidence principale.

---

1. Fernand Entringer, « Les 25 ans du Centre d'études libérales. Une structure moribonde », *Lëtzebuerger Land*, 5 octobre 2011.

Autriche

État

Friedrich Hayek (1899-1992), qui a reçu le prix Nobel, s'oppose à Keynes, dont il critique le *Traité de la monnaie*. Hayek dénonce l'excès de crédit dû à une politique monétaire laxiste qui engendre des crises. Il encourage l'épargne, laquelle réduit l'écart entre l'investissement et son financement révélé lors de crises. Mais ce sont surtout les politiques keynésiennes qu'il a combattues toute sa vie car pour lui, à de rares exceptions près, les interventions de l'État dans l'économie ne font qu'empirer les choses.

Hayek montre comment les politiques keynésiennes de relance économique basées sur l'utilisation du budget public produisent à long terme inflation, stagnation et chômage. Hayek attribue la longue inflation d'après-guerre à cette politique, ainsi que la hausse du chômage et la faible croissance que les économies occidentales connaissent à partir de 1970. Ce n'est pas un hasard si Hayek a reçu le prix Nobel d'économie en 1974, quand la réalité économique a mis en lumière les limites de la théorie keynésienne que Hayek a dénoncée dès son apparition dans les années 1930.

Économiste

Les arguments de Hayek ne sont pas seulement économiques, ils relèvent aussi de la sociologie, de la psychologie et de la politique car, d'après lui, « un économiste qui est seulement un économiste est susceptible d'être un fléau si ce n'est un réel danger [1] ». Par ailleurs, lors de la réception du prix Nobel, il déclare être contre cette institution qui donne aux économistes trop d'influence sur l'opinion. Pour lui, le prix Nobel va contre l'ordre spontané de la société, qui la rend efficace économiquement.

---

1. Friedrich Hayek, *Essais de philosophie, de science politique et d'économie*, Paris, Les Belles Lettres, 2007.

Concurrence

Dans *La Route de la servitude* (1944), Hayek fait une comparaison pertinente entre la concurrence et la justice : « Il est significatif que l'argument le plus courant contre la concurrence consiste à dire qu'elle est "aveugle", il est peut-être opportun de rappeler que, pour les anciens, la cécité fut un attribut de la divinité de la justice. [...]

La concurrence et la justice n'ont peut-être rien d'autre en commun que le mérite de ne pas tenir compte des considérations personnelles. »

Il ajoute : « Il n'y a pas de système rationnellement soutenable dans lequel l'État ne ferait rien. Un système compétitif efficace nécessite tout autant qu'un autre une armature juridique intelligemment conçue et constamment adaptée. »

Pour Hayek, la concurrence sur le marché existe parce qu'elle est imparfaite. Elle est comme un processus d'apprentissage et de coordination d'informations dispersées, multiples et incomplètes.

Hayek considère que, « dans la société de concurrence, le pauvre a beaucoup moins de possibilités que le riche, c'est entendu. Il n'en est pas moins vrai que dans cette société le pauvre est quand même plus libre qu'une personne disposant d'un plus grand bien-être matériel dans un autre genre de société. Sous le régime de la concurrence, l'homme qui part de zéro a beaucoup moins de chance d'acquérir une grande richesse que l'homme doté d'un héritage important, mais il peut y parvenir. Et c'est seulement dans la société de concurrence que ce résultat dépend uniquement de lui et non pas des faveurs des puissants. Nous avons oublié ce que signifie le manque de liberté [1]. »

Il ajoute : « C'est pour cela que nous ne tenons pas compte d'un fait élémentaire : un ouvrier non spécialisé a en Angleterre plus de possibilités d'organiser sa vie à son goût qu'[…] un ingénieur bien payé en Russie. Qu'il s'agisse de changer de travail ou de résidence, de passer ses loisirs selon ses idées ou d'émettre ses opinions personnelles, notre ouvrier ne rencontre pas d'obstacles absolus, n'encourt pas de risques pour sa sécurité physique et pour sa liberté. Il paie plus ou moins cher pour satisfaire ses penchants, mais n'est pas astreint, par l'ordre d'un supérieur, à s'employer à une certaine tâche et à vivre dans un endroit défini [2]. »

---

1. Friedrich Hayek, *Essais de philosophie, de science politique et d'économie*, *op. cit.*
2. *Id.*

Science économique

Pour Friedrich Hayek, « l'étonnante tâche des sciences économiques est de démontrer aux hommes combien en réalité ils en savent peu sur ce qu'ils s'imaginent pouvoir modeler [1] ».

Entreprendre

Friedrich Hayek considère que la liberté économique est le ciment de la démocratie : « C'est uniquement parce que nous sommes libres dans le choix de nos moyens que nous sommes aussi libres dans le choix de nos fins. La liberté économique est par conséquent une condition indispensable de toute autre liberté [2]. »

Économie planifiée

Dès les années 1930, Hayek s'oppose à la planification socialiste. Il considère que l'économie évolue pendant le temps de calcul du planificateur étatique,

1. Friedrich Hayek, *La Présomption fatale*, Paris, Puf, 1993.
2. Friedrich Hayek, *La Route de la servitude*, Paris, Puf, 2013.

ce qui rend la planification fausse. De plus, le périmètre de calcul est trop vaste et complexe. Seul le marché est capable de saisir et de rassembler la connaissance fragmentée entre les différents membres de la société, de faire le travail du planificateur en temps réel. Hayek développe la « théorie des ordres spontanés » qui ne résultent pas d'un plan délibéré, mais d'actions non coordonnées. L'équilibre de marché est, d'après sa théorie, un ordre spontané.

L'histoire donne raison à Hayek qui affirme dès 1944 qu'un État qui dirige l'économie d'un pays est amené à s'attaquer aux libertés individuelles. L'économie de plan mène au totalitarisme. Seule l'économie de marché est compatible avec la démocratie : « Lorsque le régime est dominé par une doctrine collectiviste, la démocratie finit inévitablement par se détruire elle-même [1]. »

Il alerte sur le fait que « le progrès technique moderne ne contient rien qui nous oblige au planisme économique total ; il contient par contre beaucoup de choses qui rendent infiniment plus dangereux le pouvoir dont disposerait l'autorité maîtresse du plan [2] ». Il fait remarquer que « les hommes

1. *Id.*
2. *Id.*

les plus désireux de planifier la société seraient les plus dangereux si on les laissait faire, les plus intolérants à l'égard du planisme d'autrui [1] ».

Démocratie de marchandage

Pour Hayek, la démocratie est un moyen, pas une fin en soi : « La démocratie est essentiellement un moyen, un procédé utilitaire pour sauvegarder la paix intérieure et la liberté individuelle [2]. »

La démocratie doit être encadrée par l'État de droit. Si le champ d'action de l'État n'est pas limité, la population peut exiger de plus en plus de dépenses, ce qui peut devenir à terme une menace pour l'ordre de marché. C'est ce que Hayek appelle la « démocratie de marchandage [3] » : « Tant que nous n'aurons pas restauré une situation dans laquelle les gouvernements (ainsi que les autorités publiques) savent que s'ils dépensent trop ils seront, comme quiconque autre, incapables de satisfaire à leurs obligations, il n'y aura aucune pause dans ce processus

1. *Id.*

2. *Id.*

3. Friedrich Hayek, *Droit, législation et liberté. Une nouvelle formulation des principes libéraux de justice et d'économie politique*, Paris, Puf, 2013.

qui, par la substitution de l'activité collective à l'activité privée, menace d'étouffer l'initiative individuelle. Sous la démocratie illimitée actuelle, dans laquelle le gouvernement a le pouvoir de conférer des bénéfices matériels spéciaux à des groupes particuliers, il est contraint d'acheter le soutien d'un nombre suffisant d'entre eux afin de constituer une majorité [1]. »

Argent

Hayek considère que « l'argent est un des plus magnifiques instruments de liberté que l'homme ait inventé [2] ».

Hans Selye (1907-1982), nommé dix-sept fois pour le prix Nobel sans l'avoir obtenu et père du mot et du concept de stress, estime que, « par exemple, l'argent ne peut pas être le but ultime ; il n'a pas de valeur en soi. Il peut seulement servir en tant que moyen à une fin qui est précieuse pour nous en soi. »

1. *Id.*
2. Friedrich Hayek, *La Route de la servitude*, *op. cit.*

Courbe de Phillips

Dans un article de 1958, l'économiste Alban Phillips postule une relation inverse entre l'inflation et le chômage à travers une courbe. Jusqu'au premier choc pétrolier, cette théorie a beaucoup influencé les politiques keynésiennes, que Hayek a critiquées toute sa vie : « Dans la mesure où l'on a globalement compris que quiconque contrôle la quantité totale de monnaie d'un pays dispose par ce fait, dans la plupart des situations, du pouvoir de réduire presque instantanément le chômage, même au prix d'un taux de chômage plus élevé plus tard, les pressions politiques sur une telle entité deviennent nécessairement irrésistibles [1]. »

Institutions

Hayek invite ses contemporains à réfléchir aux mécanismes institutionnels qui ont mené au nazisme : « En prétendant que seule la méchanceté allemande est cause du régime nazi, on a un prétexte pour nous imposer les institutions qui ont précisément déterminé cette méchanceté [2]. »

1. Friedrich Hayek, *Pour une vraie concurrence des monnaies*, Paris, Puf, 2015.
2. Friedrich Hayek, *La Route de la servitude*, *op. cit.*

Libéralisme

Hayek définit le libéralisme ainsi : « Il n'y a rien dans les principes du libéralisme qui permette d'en faire un dogme immuable ; il n'y a pas de règles stables, fixées une fois pour toutes. Il y a un principe fondamental : à savoir que dans la conduite de nos affaires nous devons faire le plus grand usage possible des forces sociales spontanées, et recourir le moins possible à la coercition [1]. »

Socialisme

En 1944, dans *La Route de la servitude*, Friedrich Hayek avertit que le passage des sociétés occidentales au socialisme n'est pas naturel : « La tendance moderne vers le socialisme signifie une rupture brutale avec toute l'évolution de la civilisation occidentale. [...] Nous abandonnons rapidement non seulement les idées de Cobden, de Bright, de Smith, de Hume, de Locke, de Milton mais encore une des caractéristiques les plus saillantes de la civilisation occidentale telle qu'elle s'est édifiée sur les fondations posées par le christianisme, par la Grèce et par

1. *Id.*

Rome. Ce qu'on abandonne, ce n'est pas simplement le libéralisme du XIXe et du XVIIIe siècle, mais encore l'individualisme fondamental que nous avons hérité d'Érasme et de Montaigne, de Cicéron et de Tacite, de Périclès et de Thucydide [1]. »

1. *Id.*

Croatie

Argent

Le musicien, poète, publiciste et aphoriste Toma Bebić (1935-1990) dit : « Toute ma vie, je me suis trompé en pensant qu'il y avait d'autres idéaux dans la vie que l'argent. »

L'écrivain Ante Kovačić (1854-1889) assure : « L'argent, c'est de l'argent après tout. Le maître le plus grand, le plus fort et le plus parfait du monde. »

Travail

D'après l'écrivain et homme politique Ante Starčević (1823-1896), « un travail propre ne craint pas la lumière ».

Pour Ante Dukić (1867-1952), « le travail et l'ordre sont jumeaux ». Il explique ainsi le travail non-stop : « Il travaille sans relâche, c'est-à-dire qu'il ne se fatigue jamais. »

Toma Bebić considère que « les grandes actions sont généralement accomplies par des personnes financièrement modestes ».

Concurrence

Le satiriste Pajo Kanižaj (1939-) témoigne qu'« un homme se bat tant qu'il est jeune, mais il veille à ce que les jeunes ne se battent pas à leur tour ».

Cadeaux

Le romancier et dramaturge Mirko Božić (1919-1995) met en garde contre l'image que nous donnons de nous-mêmes quand nous faisons un cadeau. Elle est plus celle d'un vassal que d'un maître : « Le don peut rendre une personne humble. »

Richesse

Le poète et comédien Marin Držić (1508-1567) considère que « la gentillesse se perd avec l'or ».

Ante Starčević attire l'attention sur les inégalités abyssales de notre société en écrivant : « Une personne peut dépenser plus que des millions de personnes ne peuvent économiser. »

Benedikt Kotruljević (1400-1468), écrivain de Dubrovnik, conseille : « Si vous voulez être riche, travaillez dur et acquérez peu. »

Dette publique

Le romancier et nouvelliste Ivan Raos (1921-1987) explique de la manière suivante pourquoi le creusement de la dette publique ne suscite pas l'indignation de la population : « Lorsqu'il est financé par les caisses de l'État, cela ne fait pas mal au cœur, même au plus grand avare. »

Ressources humaines

Comme le dit Toma Bebić, « quand un patron parle de ses collaborateurs, c'est une critique ; et quand ils parlent de lui, ce sont des ragots ».

D'après Toma Bebić, « un lion vit généralement seul, les chacals s'intègrent ».

Aide

L'essayiste, poète et romancier Vladimir Nazor (1876-1949) fait le constat suivant : « Je ne sais pas d'où ça vient, mais presque toutes les personnes que tu aides ne sont plus tes amis. »

D'après l'écrivain Ante Dukić, « les pauvres aident les pauvres de la manière la plus sincère ».

Oisiveté

Ante Dukić considère que « le diable fait ses meilleures affaires avec les oisifs ».

Suède

Cycle économique et fiscalité

En 1974, Gunnar Myrdal (1898-1987) a obtenu le prix Nobel dans le domaine de la macroéconomie en même temps que Friedrich Hayek pour « leur travail pionnier dans la théorie monétaire et les fluctuations économiques ainsi que pour leur analyse profonde de l'interdépendance des phénomènes économiques, sociaux et institutionnels [1] ».

Homme d'État, Gunnar Myrdal a amélioré le budget de la Suède en proposant la mise en place d'un nouveau paradigme budgétaire compatible avec un usage raisonné du déficit. Comme il l'explique en 1939 : « Le problème technique majeur d'une

1. Voir https://www.nobelprize.org/prizes/economic-sciences/1974/myrdal/facts/.

politique budgétaire du cycle économique est donc la mise au point de formules pour les finances publiques intégrées au système normal qui laissent place à un déficit pendant les dépressions en garantissant l'accumulation de surplus correspondants pendant les bonnes années [1]. »

Économie

Pour Gunnar Myrdal, l'économie est la plus politique des sciences. Le savoir économique ne découle pas de la recherche empirique, mais des questions posées. Il met en évidence le fondement idéologique de la théorie économique contemporaine, le fait que toute recherche a comme préalable un choix de valeurs initial sur lequel repose le discours théorique. Il invite les économistes à expliciter les valeurs sur lesquelles se basent leurs théories.

Pour lui, l'évolution de la théorie économique répond aux intérêts conjoncturels dominants. Ainsi, sans la crise de 1929, il n'y aurait pas eu de tournant keynésien. Il explique être « souvent considéré comme ne faisant presque pas partie de la profession des économistes de l'*establishment*. On me qualifie

1. Gunnar Myrdal, « Fiscal Policy in the Business Cycle », *American Economic Review*, 29 (1), p. 183-193.

même de sociologue. Et par là, les économistes n'entendent généralement rien de flatteur. »

Pauvreté

Gunnar Myrdal considère que la pauvreté engendre la pauvreté et que le laisser-faire ne contribue pas au rééquilibrage mais à une hausse des inégalités. Il défend le principe de la causalité circulaire qui est cumulative. Dans le cercle vicieux de la pauvreté, le taux de délinquance et les lacunes de l'éducation ont des conséquences négatives sur le niveau de chômage et sur les salaires. Pour Gunnar Myrdal, les inégalités, qui sont souvent vues comme une source de main-d'œuvre à bas prix et d'accumulation du capital par les riches, sont en réalité un frein pour la croissance économique du pays. Les bas salaires diminuent la demande et la nation se prive des talents des plus pauvres qui l'aideraient à surperformer dans la guerre économique mondiale.

En 1944, vingt ans avant le Civil Rights Movement, Gunnar Myrdal publie le livre historique, économique et sociologique *An American Dilemma*. Il y dénonce le racisme aux États-Unis, responsable de la pauvreté et de la marginalisation culturelle de la population noire. Il explique : « Pour la grande majorité des Américains blancs, le problème des Noirs a des connotations nettement négatives. Il suggère quelque chose de difficile à régler et tout aussi difficile à laisser tranquille. Il est embarrassant. Il crée un malaise moral. » Ce livre a joué un rôle décisif dans la décision de la Cour suprême des États-Unis de mettre hors la loi la ségrégation raciale dans les écoles publiques en 1954.

Néanmoins, Myrdal considère que, « comparé aux membres des autres nations de la civilisation occidentale, l'Américain ordinaire est un être rationaliste, et il existe des relations étroites entre son moralisme et son rationalisme. Même le romantisme, le transcendantalisme et le mysticisme tendent à être, dans la culture américaine, rationnels, pragmatiques et optimistes. »

Pour lui, « l'Américain ordinaire est le contraire d'un cynique. Il est en moyenne plus croyant et plus défenseur de la foi en l'humanité que le reste des Occidentaux. Il est relativement important pour lui d'être fidèle à ses propres idéaux et de les mettre en œuvre dans la vie réelle. »

Inégalités

Dans *Théorie économique et pays sous-développés* (1959), Myrdal écrit : « Le développement économique est le mouvement vers le haut de l'ensemble du corps social. » Il poursuit : « Dans une société progressiste [...] l'amélioration du sort des pauvres peut souvent s'accomplir sans impliquer des sacrifices importants pour ceux qui bénéficient d'une plus grande aisance, et il arrive parfois que cette amélioration ne soit pas seulement compatible avec la hausse des niveaux dans toutes les catégories de revenus, y compris les plus élevés, mais en soit même une condition. »

Myrdal attire l'attention sur le fait « qu'il existe une tendance à la création d'inégalités régionales inhérente au jeu des forces du marché, et que cette tendance a d'autant plus d'emprise que le pays est pauvre, voilà deux des plus importantes lois du sous-développement et du développement en régime de laisser-faire [1] ».

Avantage comparatif

L'avantage comparatif est la capacité, pour un producteur, à fournir un bien à un prix plus faible, relativement à d'autres biens, comparé à d'autres producteurs. Comme l'explique David Ricardo en

1. Gunnar Myrdal, *Economic Theory and Under-Developed Regions*, Londres, G. Duckworth, 1957.

1817, l'avantage comparatif est un argument majeur en faveur du libre-échange.

En 1977, Bertil Ohlin (1899-1979) reçoit le prix Nobel d'économie conjointement avec le Britannique James Meade (1907-1997) « pour leur contribution révolutionnaire à la théorie du commerce international et aux mouvements du capital international ». Ohlin a présidé le comité Nobel de 1969 à 1974 après avoir été le ministre du Commerce suédois de 1944 à 1945 et après avoir dirigé le parti libéral suédois.

Bertil Ohlin cherche à comprendre l'origine des avantages comparatifs. Il explique l'échange interrégional et international par l'abondance ou la rareté relative des divers facteurs de production dont sont dotés les différents pays. Chaque pays a intérêt à se spécialiser dans les facteurs de production qu'il possède en abondance par rapport aux autres pays, à exporter des biens qui contiennent ces facteurs abondants et à importer des biens qui nécessitent des facteurs qu'il détient en moindre quantité ou qui lui manquent. Bertil Ohlin prouve ainsi les bienfaits de la spécialisation et du libre-échange. Il explique ainsi les relations Nord-Sud. Comme les pays du Nord disposent de plus de capital (équipements, machines, technologie) que les pays du Sud, ils se spécialisent dans des produits à forte intensité du capital et à forte valeur ajoutée. À l'inverse, les pays du Sud ayant plus de main-d'œuvre que de capital se spécialisent dans des biens à forte intensité de main-d'œuvre et à faible valeur ajoutée comme les vêtements. Ce théorème porte le nom de Heckscher-Ohlin du nom d'Eli Heckscher, son professeur suédois qui écrit en 1919 que les échanges commerciaux ne sont pas déterminés par des différences technologiques, mais par des dotations différentes en facteurs de production [1].

Dette publique

Quand Bertil Ohlin envoie des extraits de sa thèse à l'*Economic Journal* pour publication, il reçoit le refus de l'éditeur qui donne suite au commentaire de Keynes à qui il avait envoyé des extraits de la thèse d'Ohlin pour avis : « Ceci ne mène nulle part et devrait être refusé [2] », avait affirmé Keynes. C'est le début d'une longue série de controverses. Ohlin

1. Eli Heckscher, « The Effect of Foreign Trade on the Distribution of Income », *Ekonomisk Tidskrift*, 21, 1919, p. 497-512.

2. « *This amounts to nothing and should be refused.* » Joshua Gans, George Shepherd, « How Are the Mighty Fallen : Rejected Classic Articles by Leading Economists », *Journal of Economic Perspectives*, vol. 8, n° 1, 1994, p. 165-179.

critique Keynes même lors de la réception du prix Nobel quand il lui reproche une approche trop statique des anticipations.

Ohlin peut être considéré comme un précurseur de Keynes dans la mesure où, dès 1927, il préconise une politique budgétaire expansionniste. Il argumente que la dette publique pourra être remboursée lors de la reprise économique car comme plus de personnes travaillent, la demande de biens augmente.

Commerce international

Ohlin affirme que « la théorie du commerce international a [...] accordé beaucoup trop d'attention aux effets de certaines variations, par exemple des droits de douane, sur les revenus nationaux, et trop peu aux effets sur les revenus individuels. Dans de nombreux cas, les changements dans les sommes comptent très peu, alors que les changements dans les revenus individuels sont tout à fait pertinents [1]. »

Les réparations pharaoniques demandées à l'Allemagne après la Première Guerre mondiale ont conduit à de nombreux débats. Quand la France de

1. Berthil Ohlin, *Interregional and International Trade*, Cambridge, Harvard University Press, 1933.

Napoléon est vaincue, elle ne perd pas grande chose au Congrès de Vienne et peut se relever. Ce n'est pas le cas de l'Allemagne, qui est acculée. L'issue sera la Seconde Guerre mondiale.

Au lendemain de l'armistice du 11 novembre 1918, Claude Monet offre à la France le cycle de nymphéas comme symbole de la paix. Les tableaux de nymphéas sont installés au musée de l'Orangerie en 1927, quelques mois après sa mort. Mais, pour que la paix fût durable, il aurait fallu un bon traité de paix…

En 1929, Ohlin et Keynes s'opposent sur la possibilité pour l'Allemagne de payer les réparations imposées par le traité de Versailles. Ohlin pense que même si le paiement des réparations de guerre représente un transfert du pouvoir d'achat aux pays vainqueurs, l'Allemagne s'en sortira par des exportations dont ces pays auront besoin. Sa vision est que dans ce contexte, pour pouvoir exporter ses produits, l'Allemagne n'aura même pas à en baisser le prix. Keynes considère qu'à moins que les exportations allemandes soient favorisées, rien ne garantit que les pays bénéficiaires des réparations achètent des produits allemands.

Effet de serre

Comme l'explique Christian Gollier (1961-) dans le chapitre « Histoire d'une émergence d'une conscience climatique » du livre *Le Climat après la fin du mois* : « Même si le Français Joseph Fourier a émis cette idée sept décennies plus tôt, il est communément admis que c'est le chimiste suédois Svante August Arrhenius (1859-1927), lauréat du prix Nobel de chimie en 1903, qui construit scientifiquement l'hypothèse d'un effet de serre produit par le CO_2 présent dans l'atmosphère. Il publie en 1896 un article intitulé "De l'influence de l'acide carbonique dans l'air sur la température du sol", dans lequel il établit une théorie permettant d'expliquer les cycles glaciaires qu'a connus la Terre à partir des variations de concentration de CO_2 présent dans l'atmosphère [1]. »

Science du climat

Arrhenius va plus loin et pose le fondement de la science du climat qui stipule que le réchauffement

1. Christian Gollier, *Le Climat après la fin du mois*, Paris, Puf, 2019.

climatique se produit car l'activité humaine augmente la concentration de gaz à effet de serre dans l'atmosphère. Il ne s'agit pas d'un changement marginal, mais d'un changement radical par rapport aux températures types des dix mille dernières années. « Il estime qu'un doublement de cette concentration [CO_2] devrait augmenter la température moyenne d'environ cinq degrés Celsius. Il pense qu'au rythme de combustion de charbon que l'Occident utilise pour produire l'énergie indispensable à sa Révolution industrielle, il faudra trois millénaires pour atteindre ce doublement. Il comprend que ce gaz à effet de serre permet à la Terre de disposer en son temps d'un climat tempéré [1]. »

Arrhenius n'a pas prévu à quel point la Révolution industrielle et la globalisation auront une croissance exponentielle, qui accélérera le processus. Dans le sixième rapport de synthèse du Groupe d'experts intergouvernemental sur l'évolution du climat (GIEC) de mars 2023, il est estimé que le réchauffement de la planète atteindra 1,5 °C dès le début des années 2030. Limiter ce réchauffement à 1,5 °C et 2 °C ne sera possible qu'en ramenant les émissions mondiales nettes de CO_2 à zéro et en réduisant fortement les autres émissions de gaz à effet de serre.

1. *Id.*

Banque centrale

Du point de vue chronologique, la première banque centrale européenne est la Riksbank, la Banque de Suède créée en 1668 à Stockholm afin d'émettre des « véritables » billets.

Chypre

Chômage

Le prix Nobel de 2010 a été attribué au Chypriote Christopher Pissarides (1948-) en politique économique ainsi qu'aux Américains Peter Diamond (1940-) et Dale Mortensen (1939-2014) pour leurs travaux sur le chômage. D'après le communiqué du prix Nobel, ils démontrent que « plus les allocations de chômage sont importantes, plus le taux de chômage est élevé et la durée de chômage est longue ». Le discours prononcé par Christopher Pissarides lors de sa remise du prix Nobel porte sur « l'équilibre du marché du travail avec des frictions de recherche ».

Néanmoins, Peter Diamond et Dale Mortensen attirent l'attention sur le fait que l'allocation chômage n'est pas une rente puisqu'elle est limitée dans le temps. Ils montrent aussi que l'assurance chômage donne du temps aux chômeurs pour trouver l'emploi qui correspond le mieux à leurs compétences. Ceci est bénéfique à l'ensemble de l'économie car si des personnes surqualifiées occupent des postes en des-sous de leurs compétences, ceux qui ont le profil pour ces postes ne pourront plus y accéder. Par conséquent, l'assurance chômage est favorable à l'efficience économique. Néanmoins, si son montant est aussi élevé que le salaire, il peut y avoir des effets désincitatifs.

Pourquoi y a-t-il des demandeurs d'emploi et des offres d'emploi en même temps ? Pour eux, la réponse est simple : sur tout marché, il faut du temps avant qu'il y ait une rencontre entre l'offre et la demande. Il n'y a pas d'immédiateté. Cela vaut aussi pour le marché de l'immobilier par exemple. Devant l'hétérogénéité de l'offre, il faut du temps et des ressources pour identifier le bon emploi ou le bon logement. D'autres facteurs extérieurs aux marchés peuvent rallonger les délais : des créations lentes d'emploi dues au cycle économique, à la croissance ou à une sortie de crise progressive, tout comme dans le cas de l'immobilier une hausse des taux peut limiter l'accès au crédit et allonger ainsi les délais de vente avant que le prix de l'immobilier ne s'ajuste et baisse. Les marchés de l'emploi et de l'immobilier sont par nature frictionnels.

Christopher Pissarides et Dale Mortensen ont repris les travaux de Peter Diamond dans un modèle appelé DMP dit de frictions de marché où le coût, le temps et les efforts consacrés par les acteurs économiques à échanger sont centraux. Le comportement rationnel des acteurs est la principale hypothèse. Christopher Pissarides et Dale Mortensen sont arrivés à deux conclusions paradoxales en ce qui concerne le chômage : il est facteur d'équilibre et il est un facteur productif car il permet aux entreprises de trouver des compétences plus facilement que s'il y avait le plein emploi. Cela contribue à un meilleur fonctionnement de l'économie.

Finlande

Contrat

En 2016, le Finlandais Bengt Holmström (1949-) a eu le prix Nobel d'économie en même temps que le Britannique Oliver Hart (1948-) « pour leurs contributions à la théorie des contrats ». Les recherches pionnières de Holmström des années 1970 démontrent que, pour qu'un contrat soit optimal du point de vue de l'employeur ou des actionnaires, il doit prendre en compte l'« asymétrie de l'information », les « incertitudes » et les « divergences d'intérêt ».

Rémunération du PDG

Dans la conférence qu'il a donnée en 2016, intitulée « Pay for Performance and Beyond [1] », Bengt

1. « Rémunération à la performance et au-delà ».

Holmström déclare : « Aujourd'hui, j'en sais plus. Comme je vais tenter de l'expliquer, l'une des principales leçons que j'ai tirées de mes vingt-cinq années de travail sur les problèmes d'incitation est qu'au sein des entreprises les incitations financières très puissantes peuvent être très dysfonctionnelles et que les tentatives d'introduire le marché à l'intérieur de l'entreprise sont généralement malavisées. En règle générale, il est préférable d'éviter les incitants puissants et parfois de ne pas utiliser du tout la rémunération à la performance. »

Holmström est sceptique sur l'efficacité économique de la rémunération du PDG en fonction de l'évolution du cours de l'action. Il considère que la rémunération du PDG devrait être indexée au moins sur le cours de l'action de l'entreprise par rapport aux autres entreprises du même secteur. À titre d'exemple, si la rémunération est indexée seulement sur la performance de l'entreprise, le PDG d'une entreprise pétrolière voit sa rémunération augmenter seulement parce que le prix du pétrole monte. Or, il n'a aucun mérite pour ce fait. Il n'y a aucune raison par conséquent pour qu'il soit récompensé.

Stock-option ou option sur titre

Le mot anglo-saxon *stock-option* se traduit par « option sur titre ». Le terme est utilisé quand une entreprise offre à ses cadres dirigeants la possibilité d'acquérir à une échéance déterminée des actions de l'entreprise à un prix préférentiel, fixé à l'avance, à des fins d'intéressement. La hausse des cours des actions susceptibles d'être souscrites garantit à terme une très forte rémunération à leurs détenteurs ; mais, la plupart du temps, ils n'ont aucun mérite pour cette hausse. De plus, dans beaucoup de pays, les *stock-options* sont assorties de conditions fiscales très avantageuses. Holmström déconseille ce dispositif peu contraignant et payant à tous les coups car le cours des actions monte souvent pour des raisons conjoncturelles ou sectorielles.

Par ailleurs, comme la liquidité en circulation n'a pas cessé de s'accroître au niveau mondial en raison des politiques monétaires et des dispositifs de soutien de l'économie lors de la pandémie de Covid-19 et que le nombre d'actifs est resté limité par nature, la hausse des cours des actions et, par conséquent, celle du seuil de déclenchement du paiement des *stock-options*, est quasi automatique.

Entreprise

Holmström considère l'entreprise comme « un système incitatif » dont l'objectif est de s'assurer de l'effort maximal de ses salariés en combinant autorité, propriété et rémunération à la performance.

Prime

Une partie de la recherche de Holmström est dédiée aux primes. Il met en évidence la difficulté d'évaluer les employés comme les enseignants ou les policiers qui exécutent des tâches multiples et difficiles à apprécier. Un système contractuel incitatif mal calibré peut avoir des effets délétères et pousser ces employés à délaisser une partie de leurs missions essentielles pour la société afin de ne s'occuper que de celles concernées par la prime.

Holmström étudie les problèmes d'aléa moral et de relation principal-agent dans les entreprises en ce qui concerne les primes. Le problème du principal est d'éviter les comportements opportunistes et de concevoir le contrat qui fournira les « bonnes incitations » à l'agent afin qu'il agisse dans l'intérêt du principal.

Le lien de subordination

Le Code du travail définit le lien de subordination de la manière suivante : « Quel que soit le type de contrat de travail, lien par lequel l'employeur exerce son pouvoir de direction sur l'employé : pouvoir de donner des ordres, d'en contrôler l'exécution et de sanctionner la mauvaise exécution des ordres. »

Les deux prix Nobel de 2016 en théorie des contrats, Holmström et Hart, considèrent que le contrat de travail peut donner lieu à l'absence de subordination si l'employeur et le salarié souhaitent protéger leurs investissements respectifs : l'employeur essaie d'investir dans le capital physique, le salarié dans le cadre humain spécifique qu'il représente.

Pays-Bas

L'entreprise humaniste

Érasme, également appelé Érasme de Rotterdam, considère que c'est à travers l'éducation que l'on devient Homme : « *Fit homo, non nascitur* » (« On ne naît pas homme, on le devient »).

Économétrie

Les Pays-Bas comptent trois prix Nobel d'économie : Jan Tinbergen (1903-1994) en économétrie en 1969, Tjalling Koopmans (1910-1985) en recherche opérationnelle en 1975 et Guido Imbens (1963-) en économie du travail en 2021. Ces trois prix Nobel néerlandais ont conçu des méthodologies nouvelles qui ont révolutionné les sciences économiques.

Tinbergen a créé le premier modèle macro-économétrique. En 1936, il quantifie la dynamique de l'économie nationale des Pays-Bas en les représentant dans un modèle de vingt-quatre équations dans le but d'observer sur quels paramètres il faut jouer pour atteindre le plein emploi. Il esquisse une ébauche de la courbe de Philipps. Par la suite, dans un autre modèle, il quantifie les cycles de l'économie américaine dans un modèle macro-économétrique de quarante-huit équations.

En 1969, dans « The Use of Models. Experience and Prospects », Tinbergen écrit : « Les avantages des modèles sont, d'une part, qu'ils nous obligent à présenter une théorie "complète", c'est-à-dire une théorie tenant compte de tous les phénomènes et relations pertinents et, d'autre part, la confrontation avec l'observation, c'est-à-dire la réalité. Bien entendu, ces remarques sont loin d'être nouvelles. »

Comme l'explique Tinbergen, « les modèles constituent un cadre ou un squelette et la chair et le sang devront être ajoutés par beaucoup de bon sens et de connaissance des détails ». Ces modèles dynamiques deviendront la base des décisions politiques et des prévisions financières.

En 1951, Tinbergen explique dans *Econometrics* : « L'économétrie est le nom d'un domaine scientifique dans lequel les recherches mathématiques-économiques et mathématiques-statistiques sont appliquées en combinaison. L'économétrie constitue donc une frontière entre deux branches de la science, avec les avantages et les inconvénients qui en découlent ; les avantages, parce que de nouvelles combinaisons sont introduites qui ouvrent souvent de nouvelles perspectives ; les inconvénients, parce que le travail dans ce domaine exige des compétences dans deux domaines, ce qui prend trop de temps ou conduit à une formation insuffisante de ses étudiants dans l'un des deux aspects. »

La règle de cohérence

La « règle de cohérence » de Tinbergen stipule que l'État doit disposer d'autant d'instruments (déficit budgétaire, offre de monnaie, etc.) qu'il a de cibles à atteindre (croissance, plein emploi, stabilité des prix, etc.) [1].

L'État providence

Pour que les objectifs de bien-être individuel et social – comme le plein emploi, la baisse des inégalités, la stabilité des prix, la croissance – soient atteints

1. Jan Tinbergen, *On the Theory of Economic Policy*, Amsterdam, North-Holland Publishing Company, 1952.

dans une économie de marché, Jan Tinbergen considère qu'il faut un niveau élevé d'intervention publique à travers un secteur public fort, de la planification, des investissements publics, une fiscalité redistributive. Il est ainsi parmi les premiers théoriciens de l'État providence d'après-guerre. Il considère que « les politiques éducatives méritent d'être programmées non seulement en vue d'améliorer l'éducation au sens large, mais aussi pour influer la répartition des revenus[1] ».

Allocation optimale des ressources

Tjalling Koopmans a bénéficié des cours du soir privés donnés par son ami Jan Tinbergen. Ses travaux sur les modes de transport conduisent le gouvernement américain à lui demander en 1942 (alors qu'il avait trente-deux ans) de réorganiser l'ensemble du transport maritime américain afin d'optimiser son allocation en minimisant le coût total du transport des marchandises entre le territoire américain et différents endroits de l'Angleterre en guerre.

À la suite de cette expérience empirique, Tjalling Koopmans dédie sa recherche académique à l'allocation optimale des ressources. Il utilise la technique

1. Jan Tinbergen, *Income Distribution. Analysis and Policies*, Amsterdam, North-Holland Publishing Company, 1975.

de la programmation linéaire pour déterminer pour quels biens et services les facteurs rares comme le capital ou le travail doivent être utilisés afin de réaliser une satisfaction maximale des besoins.

Chocs endogènes et exogènes

Tjalling Koopmans est l'un des premiers économistes à insister sur la nécessité de bien distinguer les chocs endogènes, qui viennent de l'intérieur du système économique, par exemple les *subprimes*, des chocs exogènes, qui proviennent de l'extérieur, comme les pandémies et les guerres.

Économiste

Koopmans explique qu'« alors qu'il a longtemps été possible et parfois tentant pour les physiciens de nier l'utilité de l'hypothèse moléculaire, nous, économistes, avons la chance d'être nous-mêmes certains des "molécules" de la vie économique et d'avoir la possibilité, par le biais de contacts humains, d'étudier le comportement d'autres "molécules" [1]. »

---

1. Tjalling Koopmans, *Three Essays on the State of Economic Science*, New York, McGraw-Hill Book Company, 1957.

La théorie économique

Koopmans affirme : « Nous considérons la théorie économique comme une suite de modèles conceptuels qui cherchent à exprimer sous une forme simplifiée différents aspects d'une réalité toujours plus compliquée [1]. »

Économie expérimentale

En 2021, le prix Nobel d'économie a été attribué au trio Guido Imbens, Joshua Angrist (1960-) et David Card (1956-) car il « nous a apporté de nouvelles idées sur le marché du travail et montré quelles conclusions peuvent être tirées d'expériences naturelles ». Le prix est donné « pour leurs contributions méthodologiques à l'analyse des relations causales ». Leurs expériences sont menées *via* des situations réelles. Guido Imbens affirme qu'en sciences sociales on s'intéresse plus aux relations causales qu'aux corrélations car elles sont utiles aux décideurs politiques qui veulent savoir quels types d'effets auront certaines mesures.

1. *Id.*

Revenu universel

Le revenu universel est une somme d'argent versée à tous les citoyens d'un pays sans distinction ou contrepartie afin de satisfaire leurs besoins de base. Guido Imbens a étudié l'influence des revenus non gagnés (gain au jeu, à la loterie, revenu universel, transferts sociaux) sur l'offre de main-d'œuvre et il a conclu à leur très faible influence sur cette offre. Il a étudié empiriquement le comportement des gagnants de la loterie d'État du Massachusetts. Les gagnants n'ont guère changé de comportement sur le marché du travail. Après l'analyse des liens de causalité entre l'offre de travail et les bénéficiaires du revenu universel, Guido Imbens a montré que la mise à disposition du revenu universel a une influence très modeste sur l'offre de travail.

Déficit

En 2002, Willem Frederik Duisenberg (1935-2005), premier président de la Banque centrale européenne (1998-2003), déclare : « Il est important de rappeler que la raison principale pour laquelle ces pays rencontrent des difficultés budgétaires, c'est parce qu'ils n'ont pas utilisé la situation de la forte croissance pour améliorer substantiellement leur position budgétaire. »

Belgique

Or

Dans *Les Villes tentaculaires* (1920), Émile Verhaeren (1855-1913) écrit le poème suivant :

« La bourse
Comme un torse de pierre et de métal debout
Le monument de l'or dans les ténèbres bout.
Dès que morte est la nuit et que revit le jour,
L'immense et rouge carrefour
D'où s'exalte sa quotidienne bataille
Tressaille. »

Il continue en décrivant l'activité des banques :

« Des banques s'ouvrent tôt et leurs guichets,
Où l'or se pèse au trébuchet,
Voient affluer – voiles légères – par flottes,
Les traites et les banque-notes.

Une fureur monte et s'en dégage,
Gagne la rue et s'y propage,
Venant chauffer, de seuil en seuil,
Dans la ville, la peur, la folie ou l'orgueil. »
Il conclut :
« Comme un torse de pierre et de métal debout,
Avec, en son mystère immonde,
Le cœur battant et haletant du monde,
Le monument de l'or, dans les ténèbres, bout. »

Adversaire

Des adversaires de taille font avancer dans les affaires. Les entreprises du même secteur évoluent souvent les unes par rapport aux autres comme dans l'industrie aéronautique avec Airbus et Boeing ou dans le secteur du luxe avec Kering et LVMH à leurs débuts. Ainsi, comme le souligne Amélie Nothomb (1966-) dans *Le Sabotage amoureux*, « sur terre, personne n'est indispensable, sauf l'ennemi ».

Sœur Emmanuelle (1908-2008) est la fondatrice de l'Association Sœur Emmanuelle, ONG laïque et apolitique, dont l'action est reconnue dans le monde entier. Fervente lectrice (« Cela ne fait jamais que soixante-dix ans que je recherche l'Absolu et il m'arrive encore de préférer continuer à lire un très bon livre plutôt que d'aller prier [1] ! »), elle considère que « Pascal a raison quand il recommande de faire quelques pas avec son adversaire avant de s'opposer à lui [2] ». Elle affirme : « J'appliquais à moi-même cette maxime de Marc Aurèle, souvent répétée à mes élèves : "L'obstacle est matière à l'action" [3]. » Sœur Emmanuelle écrit : « Le vainqueur, a dit Napoléon, c'est celui qui tient une heure de plus. Eh bien, il faut se battre. Il faut tenir une heure de plus [4]. »

Image de marque

Érigée en symbole mondial par l'Exposition universelle de 1900 comme en témoigne la médaille de Jean-Baptiste Émile Dropsy qui peut être admirée au musée Carnavalet, l'image de marque de la Parisienne a, d'après Amélie Nothomb, une longue vie devant elle : « La Parisienne est une légende, donc elle existe plus que les autres femmes, et ce pour l'éternité. »

L'image de la France est indissociable de celle du champagne. En tant que fine connaisseuse et amatrice de champagne et de la France, Amélie

1. Sœur Emmanuelle, *Géants*, Paris, Huitième jour, 2006.
2. *Id.*
3. *Id.*
4. *Id.*

Nothomb définit ainsi le pays dans *Pétronille* : « La France est ce pays magique où le plus commun des troquets peut vous servir n'importe quand un grand champagne à température idéale. »

Inégalités

Dans *Péplum*, Amélie Nothomb écrit : « L'axe Nord-Sud, c'est l'axe richesse-pauvreté. L'axe Est-Ouest est moins fondamental : il oppose deux cultures, deux philosophies. Le dialogue semble possible et la confrontation est piquante. L'axe Nord-Sud cloue toutes les gorges. »

Sœur Emmanuelle se demande : « Chiffonnier du Caire, d'où vient ton bien-être ? Nanti d'Europe, d'où vient ton mal-être [1] ? » Elle écrit : « Cette joie au milieu de ce dénuement est stupéfiante ! Où l'homme trouve-t-il donc son bonheur ? Cette même question, je me la poserai plus tard en Europe, où je découvre souvent un climat de morosité, une insatisfaction foncière. J'ai l'impression que les individus sont empêtrés dans un autre genre d'esclavage. Des désirs impossibles à maîtriser, sans cesse renaissants, une course haletante sans rémission étouffent dans son germe le plaisir de vivre, de vivre l'instant [2]. »

---

1. *Id.*
2. *Id.*

Elle insiste : « Mystère du cœur de l'homme : le plus comblé réclame toujours davantage, nos financiers perdent le sommeil ; le plus démuni s'accommode de son gîte, nos savetiers et nos chiffonniers chantent [1]. » Sœur Emmanuelle s'exclame : « On ne mesure pas la misère sur l'échelle de Richter comme les tremblements de terre [2] ! »

Sœur Emmanuelle affirme : « Ce qui m'intéresse, moi, c'est la justice. La justice exige qu'on partage. […] Le partage ne se contente pas d'aumônes, mais appelle une juste répartition des richesses sur la planète. Tout le monde est d'accord sur le principe, mais qui est prêt à changer ses habitudes de consommation [3] ? » Elle ajoute : « J'aime les pauvres, pas la pauvreté [4]. »

Son seul espoir pour incarner la justice sociale réside dans la jeunesse : « C'est à toi que je m'adresse, jeune de France et d'Europe. […] Cette soif de justice qui t'habite, laisse-la t'emporter vers plus malheureux que toi, entre dans la bataille. Crois en toi, en cette passion pour un monde où des hommes libres vivraient égaux, en frères. Crois en ton dynamisme,

---

1. *Id.*
2. *Id.*
3. *Id.*
4. *Id.*

incarne ton idéal à l'endroit même où tu vis, là où tu sens battre ton cœur. Sache que ton acharnement, en dépit des échecs, assurera ton triomphe. Crois dans les autres : le même souffle de justice les fait tressaillir. Ne crains pas de rejoindre leur combat : l'union des jeunes est une puissance formidable [1]. »

Prévisions

Prévoir le champ des possibles de l'avenir s'est toujours avéré impossible et, comme l'écrit Amélie Nothomb dans *Péplum*, « prétendre avoir été exhaustif quant aux potentialités de l'avenir, c'est un sommet dans l'histoire de la sottise ».

Décroissance

D'après Christian Gollier, « notre projet collectif devrait être une décroissance sélective, celle qui laisse l'homme libre d'exprimer son génie entrepreneurial dans des activités compatibles avec le bien commun, tout en incitant à la décroissance des activités qui détruisent la nature [2]. »

---

1. Sœur Emmanuelle, *Yallah ! En avant les jeunes*, Paris, Calmann-Lévy, 1997.

2. Christian Gollier, *Le Climat après la fin du mois*, *op. cit.*

La surconsommation des pays développés a détruit la planète. Sœur Emmanuelle nous invite de ne plus placer les objets au centre de notre existence : « Ne soyons ni fascinés par le clinquant des choses, dit-elle, ni désespérés par leur néant. Il est possible de s'élever infiniment au-dessus. Pascal nous enseigne qu'il existe, ô combien, une troisième voie. C'est en accrochant notre charrue à une étoile qu'elle s'envolera et nous arrachera au néant [1]. »

Transition énergétique

Christian Gollier explique : « Depuis longtemps, on ment au peuple en prétendant que la transition énergétique est une opportunité formidable qui va tous nous enrichir, créer des emplois, réduire notre facture d'énergie, nous rendre notre indépendance énergétique face aux pays du Golfe. La réalité est tout autre. Qu'on en passe par une taxe carbone, par des permis d'émission négociables, par des normes automobiles et d'isolation thermique, tout sera attentatoire à notre pouvoir d'achat [2]. »

---

1. Sœur Emmanuelle, *Vivre, à quoi ça sert ?*, Paris, Flammarion, 2004.
2. Christian Gollier, *Le Climat après la fin du mois*, *op. cit.*

Il conclut par : « Le concept d'une transition énergétique heureuse est une utopie. Elle devra passer par un sacrifice – somme toute assez raisonnable si l'on s'y prend bien – de notre pouvoir d'achat dans les trente prochaines années. Plutôt que de continuer d'exploiter cette ressource fossile peu coûteuse, il va s'agir d'utiliser de l'énergie plus complexe à gérer et plus chère à produire. Cela encore plus longtemps malgré d'impressionnants succès technologiques [1]. »

Il avertit : « Ce sera d'autant plus difficile que nos tentatives de désintoxication des énergies fossiles s'accompagneront d'une baisse de leur prix sur les marchés mondiaux, car les pays producteurs de cette énergie feront tout pour exploiter leurs trésors fossiles, quitte à accepter une baisse de leur rente pétrolière, gazière ou charbonnière [2]. »

Il s'interroge : « Les Français sont-ils prêts aujourd'hui à sacrifier un petit peu de leur bien-être pour améliorer beaucoup le bien-être d'autrui – même si cet autrui n'est pas Français et qu'il n'est probablement même pas encore né [3] ? »

1. *Id.*
2. *Id.*
3. *Id.*

Dans *Vivre, à quoi ça sert ?*, Sœur Emmanuelle nous avertit : « Aujourd'hui, comme toujours, la tentation d'angélisme met particulièrement les jeunes en danger. Animés d'une grande soif d'idéal, certains ne supportent plus les déterminations de leur existence et cherchent à les fuir. Les voilà désireux de tout quitter, leur famille et leurs études, pour s'engager dans l'action humanitaire, dans la lutte écologique, etc. Ils sont prêts à s'engager, et c'est bien, mais ils veulent changer le monde, et c'est impossible. [...] Comme le dit Pascal : "L'homme n'est ni ange ni bête, et le malheur veut que qui veut faire l'ange fait la bête". »

Prix carbone

Comme ses confrères Nicholas Stern (London School of Economics) et Joseph Stiglitz (université de Columbia), Christian Gollier considère que le prix de la tonne carbone devrait être fixé à 50 euros et imposé à tous partout sur la planète. Il considère que « ce montant intègre les multiples facettes de cette externalité, depuis la perte de biodiversité jusqu'à la baisse de productivité du travail et de l'agriculture, en passant par le coût supplémentaire de la climatisation des bâtiments en été, les conséquences de la hausse du niveau des océans, la hausse de la mortalité due aux vagues de chaleur et aux ouragans, ou la réduction de l'espérance de vie dans les régions les plus vulnérables [1] ».

Il ajoute que « ces effets seront extrêmement étalés dans le temps. Une des difficultés de leur valorisation provient de cette dimension temporelle des dommages climatiques, qui affecteront les générations futures sur plusieurs siècles. Cela signifie que cette mesure de 50 euros la tonne de CO_2 doit inéluctablement dépendre de jugements relatifs à nos responsabilités envers les générations futures [2]. »

Il nous invite à visualiser la tonne carbone de la manière suivante : « Une tonne de CO_2, c'est un aller-retour Paris-New York en avion, un an de chauffage au gaz dans un appartement de trois pièces à Paris, ou 7 000 kilomètres parcourus par une petite berline [3]. »

Endurance

Dans *Honte*, Hugo Claus (1929-2008) nous avertit : « Seul l'impatient veut atteindre son but sans avoir les moyens d'y parvenir. Il faut tenir compte

1. *Id.*
2. *Id.*
3. *Id.*

de la durée du voyage, car chaque instant est indispensable. »

Sœur Emmanuelle explique : « Je crois qu'il est bon que tout le monde puisse ressentir, un jour ou l'autre, son impuissance. » Elle ajoute : « Un jour vient où la projection de sa propre réussite se déchire. Il faut souhaiter à tout être humain ce décapage, si douloureux qu'il soit. Vidé de ses chimères, grelottant, tous ramage et plumage arrachés, son cœur dépouillé devient un gouffre. Place est faite alors pour la vérité. »

Pour elle, « la vie, c'est presque une furie, c'est une passion d'avancer, de marcher, de monter, de se battre, de perdre et de gagner. De gagner surtout. La vie, c'est toujours avancer en cordée, courir la main dans la main avec les autres [1]. » Et « la vie est un risque, si tu n'as pas risqué, tu n'as pas vécu. C'est ce qui donne… un goût de champagne. » Sœur Emmanuelle admet que « la vie fait plus peur que la mort, en fait. C'est une plus grande inconnue. » Elle conseille : « Il ne faut jamais s'arrêter dans la vie. Il faut toujours courir, s'acharner. Et on est toujours, toujours vainqueurs. »

---

1. Sœur Emmanuelle, *Géants*, *op. cit.*

Savoir réagir

Savoir réagir est primordial en affaires afin de prendre les décisions optimales et de garder l'énergie indispensable au marathon entrepreneurial.

Le Viennois Hans Selye, qui a été le premier chercheur à s'intéresser au stress, considère que ce qui t'arrive ne compte pas, ce qui compte est comment tu réagis [1]. À ce sujet, Sœur Emmanuelle déclare : « Moi, je ne sais pas ce que c'est qu'être mal dans sa peau. Je suis contre le stress. Je le refuse tout simplement. Le stress, c'est le non-vivre. Vivre, c'est marcher, c'est chanter ! »

Maurice Maeterlinck (1862-1949), prix Nobel de littérature en 1911, écrit avant Hans Selye : « Il n'y a point de passé vide ou pauvre, il n'y a point d'événements misérables, il n'y a que des événements misérablement accueillis [2]. »

Liberté économique

L'économiste Gustave de Molinari (1819-1912), disciple de Frédéric Bastiat, considère que la liberté

1. Siang Yong Tan, A. Yip, « Hans Selye (1907-1982) : Founder of the stress theory », *Singapore Medical Journal*, 59 (4), avril 2018.

2. Maurice Maeterlinck, *Le Silence*, Rennes, La Part Commune, 2021.

économique est bénéfique au consommateur : « En toutes choses, pour toutes les denrées servant à pourvoir à ses besoins matériels ou immatériels, le consommateur est intéressé à ce que le travail et l'échange demeurent libres, car la liberté du travail et de l'échange a pour résultat nécessaire et permanent un maximum d'abaissement dans le prix [1]. »

Comme toute liberté, la liberté économique s'arrête là où commence celle des autres, comme l'explique Molinari en 1884 dans *L'Évolution politique et la Révolution* : « La souveraineté réside dans la propriété de l'individu sur sa personne et sur ses biens et dans la liberté d'en disposer, impliquant le droit de garantir lui-même sa propriété et sa liberté ou de les faire garantir par autrui... Si un individu ou une collection d'individus use de sa souveraineté pour fonder un établissement destiné à pourvoir à la satisfaction d'un besoin quelconque, il a le droit de l'exploiter et de le diriger suivant les impulsions de son intérêt, comme aussi de fixer à son gré le prix de ses produits et de ses services. C'est le droit souverain du producteur. Mais ce droit est limité naturellement par celui des autres individus non moins souverains, considérés en leur double qualité de producteurs et de consommateurs. »

1. Gustave de Molinari, « De la production de la sécurité », *Journal des économistes*, vol. 22 n° 95, 1849.

Propriété

Dans son livre *Les Soirées de la rue Saint-Lazare*, publié en 1849, Molinari déclare : « La société n'a pas institué la propriété ; c'est bien plutôt la propriété qui a institué la société. »

Science économique

En 1849, Molinari affirme : « Selon les autres, au contraire, la société est un fait purement naturel ; comme la terre qui la supporte, elle se meut en vertu de lois générales, préexistantes. Dans ce système, il n'y a point, à proprement parler, de science sociale ; il n'y a qu'une science économique qui étudie l'organisme naturel de la société et qui montre comment fonctionne cet organisme [1]. »

Christian Gollier considère que « la science économique est un sport de combat, en particulier en France où elle est souvent jugée partisane et non scientifique [2] ».

---

1. *Id.*
2. Christian Gollier, *Le Climat après la fin du mois*, *op. cit.*

Politique monétaire

Le commentaire de Molinari sur l'évolution de la politique monétaire et publié dans *Les Soirées de la rue Saint-Lazare* reste d'actualité : « Jadis, lorsque les gouvernements se trouvaient hors d'état de payer leurs dettes, ils falsifiaient leurs monnaies, en y ajoutant du cuivre ou du plomb, ou bien encore en diminuant le poids des pièces. De nos jours, ils procèdent autrement : ils empruntent de grosses sommes à des établissements qu'ils autorisent exclusivement à fabriquer de la monnaie de papier. Privé de sa base naturelle et nécessaire, cette monnaie se déprécie dans les moments de crise. Le gouvernement intervient alors pour obliger le public à supporter la dépréciation. »

Impôt

Molinari se demande : « Que fait l'impôt ? Il enlève soit au producteur, soit au consommateur, une portion plus ou moins considérable du produit destiné, partie à la consommation immédiate, partie à l'épargne, pour l'employer à des fins moins productives ou destructives, et plus rarement à l'épargne. […] Il est impossible de savoir si le prix fixé par le gouvernement investi du monopole de la fourniture de ses services ne dépasse pas abusivement celui qu'aurait établi la concurrence. [...] Mais il convient de remarquer que l'État possède une clientèle obligatoire, qu'il a beau élever le prix de ses services ou en abaisser la qualité, la nation, sa cliente, ne peut les refuser. Si ruineux que soit l'impôt, l'État est amplement pourvu des pouvoirs nécessaires pour la contraindre à payer [1]. »

Étatisme

Dans *Questions économiques à l'ordre du jour* (1906), Molinari décrit ce qui adviendra après la Seconde Guerre mondiale, la montée en puissance de l'État : « Car un moment viendra où l'État, soit qu'il demeure dans les mains des conservateurs ou qu'il tombe dans celles des socialistes, pèsera sur la société d'un tel poids qu'elle cessera de pouvoir le porter. »

1. Gustave de Molinari, *Journal des économistes : revue de la science économique et de la statistique* [1849], Puf, 1908, p. 167.

Principe d'autorité

Comme l'explique Molinari, « le fondement moral du principe d'autorité n'est ni plus solide ni plus large, sous un régime de monopole ou de communisme, qu'il ne pourrait l'être sous un régime de liberté [1] ».

Consommateur

La protection du consommateur n'est pas quelque chose de nouveau. Déjà en 1849, Molinari soutient : « L'intérêt du consommateur d'une denrée quelconque doit toujours prévaloir sur l'intérêt du producteur [2]. »

Sœur Emmanuelle milite pour les petites entreprises locales : « Comment les petites entreprises peuvent-elles concurrencer des firmes de la taille de Coca-Cola ? La puissance des moyens publicitaires attire un public déjà fasciné par tout ce qui est américain et étranger, crée de nouveaux besoins et tue les modestes productions nationales. Tout autant

---

1. *Id.*
2. *Id.*

d'ailleurs, et pour les mêmes raisons, les petites boutiques des pays riches ferment devant les grandes surfaces. En fait, les multinationales accentuent la pauvreté et la dépendance des économies locales [1]. »

Monopole

Molinari fait remarquer que « tout monopole s'appuie nécessairement sur la force ». Il attire l'attention sur les dangers du monopole d'État : « Le monopole d'un gouvernement ne saurait valoir mieux que celui d'une boutique d'épiceries. La production de la sécurité devient inévitablement coûteuse et mauvaise lorsqu'elle est organisée en monopole. C'est dans le monopole de la sécurité que réside la principale cause des guerres qui ont, jusqu'à nos jours, désolé l'humanité [2]. »

---

1. Sœur Emmanuelle, *Richesse de la pauvreté*, Paris, Flammarion, 2001.

2. Gustave de Molinari, *Les Soirées de la rue Saint-Lazare*, *op. cit.*

Bulgarie

Crise et cycles

Dans *Les Crises périodiques de surproduction*, Albert Aftalion (1874-1956) explique les fluctuations de l'économie de marché : « La prospérité suscite la crise. La dépression fait renaître la prospérité. » « À cause des conditions créées par la technique capitaliste, les prix commandent à la production et la production aux prix de telle façon que l'industrie se trouve engrenée dans une chaîne sans fin d'actions et de réactions qui constituent les cycles économiques. »

L'effet d'accélération ou le poêle d'Aftalion

Albert Aftalion utilise la métaphore du poêle pour expliquer les fluctuations économiques dues à l'investissement. Pour réchauffer une pièce en hiver, on remplit le poêle de charbon. Étant donné qu'il faut un certain temps avant qu'il ne réchauffe la pièce, on a tendance à continuer à remettre du charbon sur le feu, ce qui aboutit *in fine* à une température élevée dans la pièce. Comme il fait trop chaud, on ouvre la fenêtre et la pièce refroidit de nouveau. De même dans une économie de marché, les entreprises, voulant profiter des réserves de pouvoir d'achat, investissent. Elles augmentent ainsi non seulement leurs capacités de production, mais également la demande, ce qui les induit en erreur quant à leurs débouchés réels et les incite à continuer à investir, à remettre du charbon sur le feu d'après la métaphore du poêle. Le surinvestissement et la poursuite d'une stratégie qui ne répondent plus à un besoin déjà comblé provoquent la crise. La baisse des dépenses d'investissement ramène le capital à un niveau répondant au besoin, ce qui diminue l'amplitude de la crise. Mais, d'autre part, son amplitude s'accroît en réduisant les débouchés. L'effet amplificateur de l'investissement sur la croissance s'appelle l'« effet d'accélération ».

Égalité financière femme-homme

En 1898, dans *Les Lois relatives à l'épargne de la femme mariée. Leur importance pour la protection de l'épouse dans les classes laborieuses,* Albert Aftalion, docteur en droit vivant en France, se préoccupe du problème de la condition de l'épouse, « l'un des plus douloureux, et de ceux qui exigent la plus prompte solution ». Il attire l'attention sur la situation économique précaire de « l'épouse dans les classes populaires » et des enfants due à l'abus de la loi : « Publicistes et jurisconsultes s'accordent à déplorer la situation d'une femme soumise, sans protection efficace, aux pouvoirs étendus d'un mari, parfois indigne. Ses salaires, ses économies, indispensables pourtant à son entretien et à celui de ses enfants, sont légalement à la disposition du mari, seul juge de leur emploi, libre, s'il lui plaît, de les dissiper dans l'inconduite. De divers côtés on a cherché un remède contre les abus possibles de la part des maris. »

L'épargne des femmes

Dès 1881, les Caisses d'épargne créées en 1818 ont permis aux femmes de disposer de leur livret d'épargne sans l'aval de leur mari. Dans la préface de son livre *Les Lois relatives à l'épargne de la femme mariée,* Aftalion rend hommage aux Caisses d'épargne qui sont allées plus loin que la loi ne l'exigeait dans son application : « Mais dans tous ces efforts faits pour améliorer le sort de l'épouse dans les classes populaires, on néglige injustement les tentatives déjà effectuées dans le même sens ; on oublie en particulier les lois récentes sur les Caisses d'Épargne, ou on n'en parle que dédaigneusement. Le secours qu'elles auraient apporté à la femme pauvre serait insignifiant ou illusoire. La faculté d'épargne qu'elles lui confèrent est une simple tolérance, que le mari est maître de faire cesser.

Il est vrai qu'à certains égards cette opinion est justifiée par le texte des lois sur les Caisses d'Épargne. »

Néanmoins, Aftalion fait remarquer que « les lois subissent souvent une transformation profonde, lorsqu'elles passent de la formule écrite à l'application concrète. Au contact des faits, les principes théoriques perdent leur netteté abstraite. Ils ne s'adaptent pas parfois à la réalité qu'en se dépouillant de leur rigueur ou de leur généralité primitives. Par suite des circonstances, sous l'empire de certaines nécessités, ou encore par leur combinaison avec d'autres principes juridiques, ils prennent un caractère tout différent de celui qu'on avait voulu leur attribuer, ils atteignent un but en vue duquel on ne les avait pas créés. Toute codification est impuissante à arrêter le développement secret et continu dans la législation d'un droit non écrit, d'un droit coutumier. »

Aftalion continue en rendant hommage aux Caisses d'épargne qui vont plus loin que la loi pour établir l'égalité financière entre les femmes et les hommes : « Ces idées se vérifient précisément à propos des articles des lois sur les Caisses d'Épargne qui ont trait à l'épouse. Aussitôt après la promulgation de ces lois, des usages de fait, des "coutumes", pourrait-on dire, se sont établis qui ont donné au droit de la femme une extension à laquelle on n'avait pas songé. La liberté d'épargne, complètement indépendante de toute intervention maritale, que la loi avait refusée à l'épouse, la pratique n'est pas loin de la lui avoir accordée entière. La femme pauvre a été appelée ainsi à participer à côté du mari, dans les limites assez larges relativement aux ressources modestes du ménage, au gouvernement des intérêts pécuniaires de la famille. Et on peut apercevoir dans le contraste, en cette manière, entre les lois et la pratique, une expérience de législation qui n'est pas dépourvue d'enseignement. »

Aftalion conclut sur l'application de la loi par les caisses d'épargne : « En réalité, plus ou moins ouvertement, la pratique restreint, de manière sensible, les droits du mari, en faveur de l'épouse. Les prérogatives du mari demeurent intactes, tant qu'il n'a pas autorisé le premier versement de sa femme. Mais, dès qu'il l'a fait, il perd son pouvoir supérieur.

L'épouse peut continuer à déposer malgré la volonté contraire du mari. Elle peut aussi empêcher tout remboursement des dépôts qu'elle trouverait inopportun. […] Une protection sérieuse était ainsi assurée à la femme dans les populations laborieuses. »

Le compte bancaire joint

Aftalion évoque aussi une autre mesure clé des caisses d'épargne en faveur de l'égalité femme-homme, alors qu'à l'époque la loi reconnaissait le mari comme maître de la communauté : « Mais une dérogation plus profonde encore est apportée aux règles du code. Les caisses doivent refuser tout remboursement à l'un des conjoints, au mari ou à la femme agissant isolément ; elles ne peuvent restituer les sommes déposées qu'aux deux époux ; si un seul d'entre eux se présente à la caisse, il doit apporter un consentement écrit de l'autre. Le mari maître pourtant de la communauté est ainsi incapable de toucher les créances communes ; il n'y parvient, contrairement aux principes, qu'avec le concours de l'épouse. »

Ouverture de compte

Aftalion explique que les Caisses d'épargne auraient ouvert des comptes aux femmes mariées à leur nom de jeune fille pour leur permettre ainsi de jouir de la liberté de disposer de leur argent : « Il est vrai que, par un moyen un peu détourné, la femme parvenait en fait à déposer à la caisse, et à retirer, sans le concours de son mari. Elle se faisait ouvrir un compte à son nom de jeune fille et aucune restriction ne limitait alors sa liberté. Les administrateurs des caisses ignorant ou feignant d'ignorer sa qualité d'épouse ne s'inquiétaient pas des pouvoirs du mari sur les deniers qui leur avaient été confiés. »

Aftalion ajoute : « Il semble que dans les caisses d'épargne on montrait assez de complaisance à admettre la véracité d'affirmations semblables de la part d'une femme mariée. Une pratique presque générale s'était constituée en ce sens. On rappellera souvent cette pratique dans les débats qui devaient avoir lieu au Parlement au sujet des propositions de loi sur les caisses d'épargne. »

Aftalion poursuit en donnant des exemples : « La faculté de dépôt, sans autorisation préalable existe, dira-t-on, mais elle existe d'une manière irrégulière [1] » ou encore : « Quand [les femmes] déposent à la Caisse d'épargne, on ne refuse pas leurs dépôts,

1. Note de bas de page dans la citation « Discours de M. Tallon à l'Assemblée nationale, séance du 15 mai 1875 (*Journal officiel* du 16) ».

et quand elles les retirent, on ne leur refuse pas davantage leurs retraits… Le livret donne le nom de la femme, mais il n'indique pas particulièrement le nom du mari [1]. »

Il écrit par rapport au dernier exemple : « On peut voir dans cette dernière phrase comme un aveu de procédé employé par les caisses, pour déroger en faveur de l'épouse aux principes fondamentaux du Code civil. Mais on doit reconnaître que de cette manière, quelles que fussent les circonstances du fait qui souvent excusaient les habitudes des caisses d'épargne, on sortait entièrement de la légalité. Il pouvait paraître désirable par suite que la législation intervînt pour consacrer et surtout pour compléter la protection que la pratique accordait à l'épouse. »

Le vœu du grand économiste et juriste Aftalion ne sera exaucé par la législation française que quatre-vingt-quatre ans plus tard avec la reconnaissance par la loi de l'indépendance financière des femmes en 1965.

1. Note de bas de page dans la citation « Discours de M. Robert de Massy au Sénat, séance du 28 mars 1881 (*Journal officiel* du 29) ».

Argent

Atanas Burov (1875-1954), banquier, industriel et homme d'État, affirme : « Il est clair pour toute personne saine d'esprit qu'avant de partager la richesse, il faut la créer. » Pour lui, « la grande tâche d'un gouvernement est de créer les moyens permettant d'accumuler plus de biens, plus de richesses, de sorte que la richesse commune, et donc privée, puisse être augmentée ». Il considère qu'« une production renforcée exige comme condition préalable une classe ouvrière élevée, une classe ouvrière sécurisée matériellement, élevée culturellement, qui sent l'intérêt qu'elle a en elle-même, de maintenir et de renforcer la production ». Selon lui, « l'argent corrompt le petit homme et élève le grand homme. Il ne corrompt pas l'homme. »

D'après Chudomir [1] (1890-1967), écrivain, humoriste, artiste et historien local bulgare, « si vous voulez connaître le prix de l'argent, essayez d'emprunter ».

Pavel Vezhinov (1914-1983), écrivain, scénariste et journaliste, considère que « tant qu'il y aura de l'argent dans ce monde, les gens resteront insignifiants et mesquins ». Pour lui, « l'argent n'a pas de visage ni d'image, il devient comme celui qui le

1. Dimitar Hristov Chorbadzhiyski.

porte. Il y a l'argent sale, l'argent sans valeur, l'argent pitoyable. Et il y a l'argent qui ne vaut rien, et avec lequel on ne peut rien acheter. C'est l'argent avare. »

Yaroslav Radev (1920-2009), éditeur, avocat, professeur, vice-président du Conseil d'État, considère que « l'argent est un document personnel qui atteste de l'inégalité entre les gens ». Pour lui, « l'avide manque toujours de quelque chose. L'excès engendre l'avidité. La cupidité augmente la richesse, mais détruit l'homme. » Il estime que « la richesse contourne la loi ».

Selon Vasil Karakashev (1934-2018), journaliste, « l'argent est comme les politiciens. S'ils tournent, ils gagnent ».

Veselin Georgiev (1935-), dramaturge, poète et satiriste, affirme que « l'argent personnel s'épuise vite, l'argent des autres, jamais ! »

D'après Zhivko Sotirov (1936-), écrivain et humoriste, « les riches font de l'argent. Les pauvres font des enfants. »

Stiliyan Chilingirov (1881-1962), écrivain, ethnographe et homme politique, assure que « lorsque vous donnez un peu à quelqu'un, il devient votre débiteur, lorsque vous lui donnez beaucoup, vous devenez son débiteur ».

D'après Petar Beron (1779-1871), « on a demandé à un marchand : comment avez-vous fait pour gagner autant d'argent ? Il répondit : le beaucoup est facile, le peu est difficile. »

Corruption

Radoy Ralin (1923-2004), écrivain, poète et satiriste, estime que « si le peuple ne peut pas être acheté en entier, il sera corrompu ».

Pour Ivan Arnaudov (1932-), poète, « un policier corrompu est plus dangereux qu'un bandit ».

Pour Karakashev, « c'est avec de l'argent blanchi que l'on fait les choses les plus sales ».

Selon Petar Anastasov (1942-2023), écrivain, poète et homme politique, « la corruption dans les hautes sphères reste intouchable par la loi, comme si un patron omnipotent et omnibénévolent veillait sur elle ».

Guerre

D'après Ralin, « les hommes d'État, lorsqu'ils ont amené leurs sujets à un pillage complet, les entraînent à envahir des pays étrangers ».

Pauvreté

Selon Ralin, « la pauvreté n'est pas un vice, mais une leçon ».

Stoyan Stoyanov (1929-2009) considère que « là où tout le monde est pauvre, personne ne mendie ». Pour lui, « le pauvre doit rapidement oublier son humiliation. Chaque jour, il doit mendier son pain. »

Pour Alexi Andreev (1930-1995), écrivain, « aucune récompense n'est si grande qu'elle ne semble l'être ».

Zdravka Evtimova (1959-), écrivain et traductrice bulgare, déclare : « J'ai honte d'être impuissante face à la pauvreté. »

Beron, encyclopédiste, pédagogue, philosophe et naturaliste, considère que « si l'on n'épargne pas, on devient vite pauvre ».

Anastasov déclare que « la pauvreté d'une grande partie du peuple bulgare est humiliante non seulement pour les Bulgares, mais aussi pour l'humanité en général ».

Malte

Establishment

L'Ordre de Saint-Jean a été créé en 1048. Il est dit que des marchands de l'ancienne république maritime d'Amalfi ont obtenu l'autorisation du calife d'Égypte de construire à Jérusalem une église, un couvent ainsi qu'un hôpital afin de pouvoir prêter assistance aux pèlerins de toutes races et religions. L'Ordre de Saint-Jean de Jérusalem était une communauté monastique indépendante, vouée à la gestion de l'hôpital pour l'assistance des pèlerins en Terre Sainte. Il devient en 1113 un ordre religieux et laïc de l'Église catholique. L'île de Malte est confiée par Charles Quint aux Chevaliers de l'Ordre hospitalier de Saint-Jean de Jérusalem, dénommés ensuite de Rhodes puis de Malte.

Selon le chevalier Cesare Magalotti, l'ordre de Saint-Jean de Jérusalem était « une République sacrée et ecclésiastique composée de la plus éminente noblesse de toute la chrétienté [1] ».

Giovanni Francesco Abela (1582-1655), noble et vice-chancelier de l'Ordre, est l'auteur du premier livre d'histoire et de géographie de Malte [2]. Dès la dédicace du livre, il souligne que l'île de Malte doit être fière « d'être devenue le palais royal de la Sainte Religion de Jérusalem, c'est-à-dire du sang le mieux choisi de toute la chrétienté ». L'ascendance de la noblesse relevait en effet d'un examen institutionnel de l'ordre depuis sa création.

Napoléon Bonaparte, général en chef de l'Armée de l'Orient, met fin à l'ordre en juin 1798. Les trois cents chevaliers en majorité français n'ont pas envie de se battre contre Bonaparte, même s'ils ont les moyens de tenir un long siège. Cette décision s'avère être une erreur stratégique fatale car ils représentent pour Bonaparte l'*establishment* ou l'ordre établi d'avant la Révolution française.

---

1. Voir https://www.orderofmalta.int/wp-content/uploads/2022/02/2017-Hospitaller-Web-Edition.pdf.

2. Giovanni Francesco Abela, *Della Descrittione di Malta isola nel Mare Siciliano : con le sue antichità, ed altre notizie*, Malte, Paolo Bonacota, 1647.

Un traité de reddition est signé le 12 juin 1798. Dès le 13 juin, les Français dotent Malte d'une Constitution, forment des municipalités et font de tous les habitants des citoyens français. Il met en place un code de la famille, abolit les privilèges féodaux et l'esclavage. Les soldats de Napoléon dépouillent les églises de leurs trésors et de leurs œuvres d'art. Le 14 juin, Bonaparte expulse les chevaliers de l'île. Le 17 juin, il informe le gouvernement du Directoire : « Nous avons, dans le centre de la Méditerranée, la place la plus forte de l'Europe, et il en coûtera cher à ceux qui nous délogeront. » Le 18 juin, il reprend sa route vers l'Égypte en laissant une garnison de quatre mille hommes sur l'île de Malte.

Mission hospitalière internationale

Depuis 1834, le gouvernement de l'Ordre de Malte siège à Rome, où il jouit du droit d'extraterritorialité.

L'Ordre de Malte œuvre à travers onze prieurés, quarante-huit associations, cent trente-trois missions diplomatiques, une agence de secours internationale et trente-trois corps nationaux de bénévoles, en plus des nombreux hôpitaux, centres médicaux et fondations spécialisées. Il ne poursuit aucun but économique et politique et ne dépend d'aucun État ou gouvernement. Son objectif est de « protéger la dignité humaine et [d']aider les personnes qui en ont besoin [1] ». « Avec ses 13 500 membres, 95 000 bénévoles permanents et l'engagement de 52 000 professionnels – dont la majorité est formée de personnel médical et paramédical – l'Ordre de Malte a en place un réseau efficace qui s'emploie à fournir les premiers secours aux réfugiés et aux personnes déplacées vivant dans des zones de guerre et de conflit, à intervenir dans des zones touchées par des catastrophes naturelles et à dispenser des soins hospitaliers.

L'Ordre met à disposition des plus démunis des services sociaux. Ses programmes [...] sont, en ce moment, opérationnels dans 120 pays.

L'assistance aux victimes de catastrophes naturelles et de conflits armés s'est intensifiée dans les dernières décennies [2]. »

L'Ordre de Malte a son propre réseau diplomatique : « Les relations diplomatiques que l'Ordre

---

1. Voir https://www.orderofmaltafederal.org/mission.
2. Voir https://www.orderofmalta.int/fr/oeuvres-medicales-et-humanitaires/.

Souverain de Malte a nouées avec 112 pays et avec l'Union Européenne, son statut d'observateur permanent auprès des Nations Unies et les Accords de Coopération internationale signés avec plus de 50 pays existent pour faciliter ses activités humanitaires et permettre un accès protégé et sans restriction spécialement dans les zones de crise. Le réseau diplomatique de l'Ordre aide à renforcer ses relations avec les gouvernements des pays dans lesquels il est opérationnel. Ce réseau favorise l'intégration de ses programmes médicaux dans les systèmes d'assistance sanitaire nationaux et régionaux et facilite l'importation de matériel sanitaire le plus vite possible [1]. »

Le positionnement et l'indépendance historique de l'ordre peuvent lui conférer un rôle de médiateur : « Grâce à son statut d'institution neutre, apolitique et indépendante, son rôle humanitaire et les activités en cours dans 120 pays, l'Ordre Souverain de Malte est en mesure d'intervenir en tant que médiateur lors de conflits [2]. »

---

1. Voir https://www.orderofmalta.int/fr/activites-diplomatiques/diplomatie-humanitaire/.
2. *Id.*

Espagne

Richesse

Miguel de Cervantes (1547-1616), romancier, poète, militaire et dramaturge, considère que « le possesseur de richesses n'est pas heureux de les avoir, mais de les dépenser, et non de les dépenser à sa guise, mais de savoir comment les dépenser ».

Le poète et dramaturge Luis de Góngora y Argote (1561-1627) écrit : « Qu'un riche avare amasse des doublons au centuple, c'est possible ; mais que le doux successeur ne les dépense pas au centuple, cela ne peut l'être. »

Philippe II (1527-1598), roi d'Espagne, affirme : « Recevez ce qui est à vous et donnez au prochain ce qui est à lui. »

Pour l'écrivain Josep Pla (1897-1981), « l'argent ne fait pas le bonheur, certes, mais il n'est pas non plus un obstacle sérieux ».

D'après le dramaturge Jacinto Benavente (1866-1954), « l'argent ne peut pas nous rendre heureux, mais c'est la seule chose qui nous compense pour ne pas l'être ». Il écrit aussi que « le fait que l'argent ne rende pas heureux n'est qu'une voix des riches, pour que les pauvres ne les envient pas trop ».

Pablo Picasso (1881-1973) affirme : « J'aimerais vivre comme un pauvre qui a beaucoup d'argent. » Il parlait en connaisseur car, comme le montre l'historienne Annie Cohen-Solal dans son livre *Un étranger nommé Picasso*, il a longtemps été extrêmement pauvre.

Gonzalo Torrente Ballester (1910-1999), professeur de littérature, estime que « lorsque l'argent est en jeu, la liberté est très difficile à atteindre ».

L'écrivain, prêtre et dramaturge Calderón de la Barca (1600-1681) affirme : « Ne donnez jamais de conseils à quelqu'un qui vous demande de l'argent. »

Francisco de Quevedo (1580-1645), homme politique et écrivain, estime que « l'argent est un gentilhomme puissant ».

Beaucoup de proverbes catalans parlent d'argent :

« Le sac du joueur n'a pas besoin d'attache. »

« N'allez pas à la foire si vous n'avez pas d'argent, car vous verrez beaucoup de choses et vous n'achèterez rien. »

« Vous ne demanderez à personne l'argent que vous économiserez. »

« Le père gagne, le fils dépense. »

« Ne soyez jamais le premier à parler, à donner de l'eau et à donner de l'argent. »

« Celui qui a la santé et l'argent ne manque de rien. »

« Les bateliers et les taverniers gagnent de l'argent. »

« Avec l'argent gagné dans le jeu, vous n'arriverez jamais nulle part. »

« Avec de l'argent en main tu feras danser le monde entier. »

« Avec l'argent et les repas, les portes les plus fermées s'ouvrent. »

« Avec de l'argent en main, les démons deviennent des saints. »

« Avec les femmes et l'argent, il faut être très prudent. »

« L'amour sans argent est de courte durée. »

« Les armes et l'argent nécessitent une bonne gestion. »

« L'argent gagné et le bois de chauffage ne sont donnés nulle part. »

« L’argent et la courtoisie ne se gagnent pas en un jour. »

« Ce qui ne peut être réalisé avec de l’argent ne peut être réalisé avec quoi que ce soit. »

« L’argent qu’on ne gagne pas en travaillant doit être gagné en pleurant. »

« L’argent est comme les fruits, il est plus difficile à le conserver qu’à le gagner. »

« Comment gagner de l’argent est enseigné par ceux qui ne l’ont pas. »

Contrairement aux Français qui pensent que « les bons comptes font les bons amis », les Catalans considèrent que « quand il s’agit des amis, on ne compte pas ».

« Manger du raisin le jour de l’An rapporte de l’argent pour toute l’année. »

« Celui qui a beaucoup d’argent n’est pas riche, mais celui qui est content de ce qu’il a l’est. »

« Quand tu n’as plus d’argent, compte sur toi et sur personne d’autre. »

« Quand la femme a de l’argent, le mari en a plus. »

« Si tu vas à Rome avec de l’argent, tu peux être pape. »

« Si vous voulez que la femme vous désire, donnez-lui tout l’argent et laissez-la faire ce qu’elle veut. »

« Si vous voulez savoir qui est quelqu'un, donnez-lui du pouvoir et de l'argent. »

Fortune

D'après Quevedo, « il n'est pas heureux celui à qui la fortune ne peut plus rien donner, mais celui à qui elle ne peut rien enlever ».

Plusieurs proverbes catalans évoquent la fortune.

« Il danse bien à qui la fortune joue de la guitare. »

« N'opposez pas fortune et amour. »

« Celui qui regarde trop la lune ne fera pas beaucoup de fortune. »

« Le temps, le vent, les femmes et la fortune tournent comme la lune. »

« Voulez-vous toujours être riche ? Gagnez cent et dépensez-en un. »

Pauvre

Quevedo écrit : « Le riche mange, le pauvre se nourrit. »

La pauvreté est souvent présente dans les proverbes catalans.

« Aux pauvres le savoir, aux riches l'ignorance. »

« Maison bien gérée, pauvreté éloignée. »

« De l'argent pour Noël, de la pauvreté pour Saint-Jean. »

« Il existe trois sortes de mauvais temps : la maladie, la pauvreté et la grêle. »

« La fierté et la pauvreté ne rentrent pas dans le même sac. »

« La paresse est la mère de la pauvreté. »

« La pauvreté n'a pas d'amis ; la richesse a des ennemis. »

« Il n'y a pas de meilleur professeur que la nécessité. »

« La liberté dans la pauvreté vaut plus que la prison avec la richesse. »

Vérité

En Catalogne, on dit qu'« en affaires, il n'est pas utile de ne pas toujours dire la vérité ».

Francisco Suárez (1545-1617), de l'École de Salamanque, avertit que « plus la vérité est grande, plus la diffamation l'est aussi ».

Valeur

D'après Cervantes, « l'abondance des choses, même si elles ne sont pas bonnes, ne fait pas l'objet d'estimations, et la rareté, même des mauvaises, est estimée en quelque sorte ».

Pour Luis de Molina (1535-1600), de l'École de Salamanque, « la valeur n'est pas une propriété des biens, mais le reflet de l'usage que les gens en font ».

Diego de Covarrubias (1512-1577), de l'École de Salamanque, affirme que « les choses valent l'estime que leur portent les hommes, même si cette estime est absurde[1] ».

Prix

Luis Saravia de la Calle, de l'École de Salamanque, définit le prix de la manière suivante : « Hors tromperie et malveillance, le juste prix d'une chose est le prix qui est généralement atteint au moment et au lieu où la transaction est conclue[2]. »

Tomás de Mercado (1525-1575), de l'École de Salamanque, affirme : « Le juste prix est celui qui court publiquement et qui est utilisé cette semaine

1. Diego de Covarrubias, « Veterum Collatio Numismatum, cum his, quae modo expenduntur, publica, et Regia authoritate perpensa », dans *Omnia Opera*, 1604, p. 669-710.

2. Luis Saravia de la Calle, *Instruccion de mercaderes muy provechosa*, Medina del Campo, 1544, dans Marjorie Grice-Hutchinson, *The School of Salamaca, Readings in Spanish Monetary Theory 1544-1605*, Oxford, Clarendon Press, 1952.

et cette heure, comme on dit sur la place, sans qu'il n'y ait ni force ni tromperie, bien qu'il soit plus variable, comme l'enseigne l'expérience, que le vent. »

Propriété

Francisco de Vitoria (1480-1546), de l'École de Salamanque, affirme : « Il est licite pour un homme d'avoir une propriété privée, mais nul n'est propriétaire s'il ne doit parfois partager ses biens… et dans l'extrême nécessité, tout est commun [1]. »

Pour Martin de Azpilcueta, de l'École de Salamanque, « le royaume n'appartient pas au roi, mais à la communauté, et le pouvoir, par droit naturel, appartient à la communauté et non au roi [2] ».

Luis de Molina avertit que « quand un âne appartient à plusieurs, les loups le mangent ».

---

1. Lucas Clover Alcolea, « The Problem of Property. Looking Back to the "Dark Ages" to Get Through the Dark Ages », *University of St. Thomas Journal of Law and Public Policy*, vol. 16, 2023.

2. Martin de Azpilcueta, *Relectio C. novit de iudiciis non minus sublimis quam celebris pronunciata an MDXLVIII*, 1576, dans Wim Decock, « Martin de Azpilcueta », *Great Christian Jurists in Spanish History*, Cambridge, Cambridge University Press, 2018.

Inflation

Martin de Azpilcueta explique que « la monnaie a plus de valeur là et quand elle est rare que là et quand elle est abondante ». Il affirme aussi que « l'abondance d'argent génère une inflation des prix qui a un impact très négatif sur la société ».

Honneur

Francisco de Vitoria considère que « l'honneur est la déférence due à la vertu ».

Quevedo estime que « celui qui perd son honneur pour les affaires perd les affaires et perd son honneur ».

Stratégie

Francisco de Vitoria conseille : « Si le bouclier suffit à la défense, l'épée ne doit pas être brandie. » Il insiste sur le fait qu'« il n'est pas permis de faire le mal, même pour éviter des maux plus graves ».

Guerre

Francisco de Vitoria affirme que « les différences de religion ne peuvent justifier une guerre juste[1] ».

Collectivisation

Francisco de Vitoria attire l'attention sur le fait que « si les biens étaient mis en commun, ce sont les méchants, voire les cupides et les voleurs, qui en profiteraient le plus. Ils prendraient plus et mettraient moins dans le grenier de la communauté. »

Contrat de vente

Francisco de Vitoria explique : « La vente a été introduite pour l'utilité commune de l'acheteur et du vendeur, puisque chacun a besoin de la chose de l'autre. Le contrat doit donc être établi entre eux selon l'égalité objective (*secundum aequalitatem rei*), car ce qui a été introduit pour l'utilité commune ne doit pas peser plus sur l'un que sur l'autre. »

---

1. Francisco de Vitoria, *De Indis*, 1532.

Gouvernance

Francisco Suárez (1545-1617) écrit : « Si donc un roi légitime gouverne tyranniquement et que l'État n'a d'autre moyen de se défendre que l'expulsion et la déposition du roi, alors l'État, tout entier, peut, après une délibération publique et générale de ses villes et de ses citoyens les plus éclairés, déposer ce roi [1]. » Il affirme aussi que « les lois humaines ne sont valables que dans la mesure où elles sont conformes à la loi naturelle ».

Écologie

D'après Francisco Suárez, « la première loi de la nature est l'autoconservation, la seconde est la conservation de l'espèce ».

Persévérance

Cervantes estime que « plus le bien désiré est proche de l'espoir de le posséder, plus la fatigue est grande ».

1. Francisco Suárez, *A Defence of the Catholic and Apostolic Faith in Refutation of the Errors of the Anglican Sect, with a Reply to the Apologie for the Oath of Allegiance and to the admonitory Preface of His Most Serene Majesty James, King of England*, 1613.

Progrès

L'écrivain Miguel Delibes (1920-2010) considère que « le progrès est inutile... s'il conduit inévitablement à une augmentation de l'isolement et de la violence, de l'autocratie et de la méfiance, de l'injustice et de la prostitution de l'environnement naturel, de l'exploitation de l'homme par l'homme et de l'exaltation de l'argent comme seule valeur. »

Économie

Pour Delibes, « les économies, lorsqu'elles sont réalisées au prix d'un besoin non satisfait, provoquent l'acrimonie et l'amertume des personnes ».

Un proverbe catalan énonce le précepte suivant : « Avec le travail et l'économie, la ferme s'agrandit. »

Besoin

« Pour notre cupidité, beaucoup, c'est trop peu ; pour notre besoin, beaucoup, c'est trop. »

Pologne

Besoin

Si, en 1946, le futur prix Nobel d'économie Milton Friedman écrit un article pour critiquer le travail d'Oskar Lange (1904-1965) et si cet article est publié dans la meilleure revue scientifique américaine, c'est que le travail de l'économiste Oskar Lange était déjà connu au niveau mondial. Milton Friedman admet qu'Oskar Lange est « compétent » et « prudent », mais il lui reproche sa méthodologie : « Les sources fondamentales des défauts de l'analyse théorique de Lange sont l'accent mis sur la structure formelle, la tentative de généraliser sans préciser au préalable en détail les faits à généraliser et l'incapacité de reconnaître que le test ultime de la validité d'une théorie n'est pas la conformité aux canons de la logique formelle mais la capacité de déduire des faits qui n'ont pas encore été observés, qui sont susceptibles d'être contredits par l'observation, et que l'observation ultérieure ne contredit pas [1]. »

D'après Oskar Lange, « les besoins humains, bien qu'ils découlent à l'origine d'une nécessité biologique, résultent donc de l'existence de la société et sont conditionnés par le stade de développement atteint par la société [2] ».

Science économique

Oskar Lange souligne le fait que la science économique est objective : « Notre conclusion sur l'objectivité de la science économique peut paraître surprenante. Les économistes sont plutôt connus pour être incapables de parvenir à un accord et pour être divisés en "écoles de pensée" opposées, "orthodoxes" et "peu orthodoxes", "bourgeoises" et "socialistes", et bien d'autres encore. L'existence d'un profond désaccord parmi les économistes ne réfute

1. Milton Friedman, « Lange on Price Flexibility and Employment : A Methodological Criticism », *The American Economic Review*, vol. 36, n° 4, septembre 1946.

2. Oskar Lange, *Political Economy*, vol. 1 : *General Problems*, Amsterdam, Elsevier, 2013.

cependant pas notre thèse sur l'objectivité de l'économie en tant que science [1]. »

Carl Menger (1840-1921) définit l'économie de la manière suivante : « L'homme lui-même est le début et la fin de toute économie [2]. »

Socialisme

Oskar Lange, qui croyait au socialisme de marché, affirme néanmoins qu'« il nous semble en effet que le véritable danger du socialisme est celui d'une bureaucratisation de la vie économique [3] ».

Valeur

Carl Menger est connu pour sa conception subjective de sa valeur : « Lorsque j'ai discuté de la nature de la valeur, j'ai observé que la valeur n'a rien

---

1. Oskar Lange, « The Scope and Method of Economics », *The Review of Economic Studies*, vol. 13, n° 1, 1945-1946.

2. Carl Menger, *The Origins of Money*, Ludwig von Mises Institute, 2016.

3. Oskar Lange, « On the Economic Theory of Socialism », *Review of Economic Studies*, vol. 4, n° 1 et 2, octobre 1936 et février 1937.

d'inhérent aux biens et qu'elle n'est pas une propriété des biens. Mais la valeur n'est pas non plus une chose indépendante. Il n'y a aucune raison pour qu'un bien n'ait pas de valeur pour un individu économe mais aucune valeur pour un autre individu dans des circonstances différentes. La mesure de la valeur est de nature entièrement subjective et, pour cette raison, un bien peut avoir une grande valeur pour un individu économe, peu de valeur pour un autre, et n'avoir aucune valeur pour un tiers, en fonction des différences entre leurs besoins et les quantités disponibles. Ce qu'une personne méprise ou valorise à la légère est apprécié par une autre, et ce qu'une personne abandonne est souvent récupéré par une autre [1]. »

Menger conclut que, la valeur, « c'est un jugement que les sujets économiques portent sur l'importance des biens dont ils peuvent disposer pour maintenir leur niveau de vie et leur bien-être. Il en résulte que la valeur n'existe pas hors de la conscience des hommes [2]. »

1. Carl Menger, *Principles of Economics*, Ludwig von Mises Institute, 2007.

2. *Id.*

Argent

D'après Menger, « l'argent n'est pas une invention de l'État. Ce n'est pas le produit d'un acte législatif. Même la sanction de l'autorité politique n'est pas nécessaire à son existence. Certaines marchandises sont devenues monnaie tout naturellement, à la suite de relations économiques indépendantes du pouvoir de l'État [1]. »

Prix de marché

Menger considère que « c'est une erreur en économie, aussi répandue que manifeste, que de penser que toutes les marchandises, à un moment donné et sur un marché donné, peuvent être supposées être les unes par rapport aux autres dans une relation d'échange définie, en d'autres termes, peuvent être échangés mutuellement en quantités définies à volonté… L'observation la plus rapide des phénomènes de marché nous enseigne qu'il n'est pas en notre pouvoir, lorsque nous avons acheté un article à un certain prix, de le revendre aussitôt au même prix [2]. »

---

1. *Id.*
2. Carl Menger, *The Origins of Money*, *op. cit.*

Michel Kalecki (1899-1970) estime que, « d'une manière générale, les variations des prix des produits finis sont "déterminées par les coûts", tandis que les variations des prix des matières premières, y compris les produits alimentaires primaires, sont "déterminées par la demande" [1]. »

Système économique

D'après Kalecki, « les travailleurs dépensent ce qu'ils gagnent et les capitalistes reçoivent ce qu'ils dépensent [2] ».

Selon Oskar Lange, « aucune loi scientifique ne s'applique lorsque ses conditions préalables ne sont pas remplies. Puisque l'administration de ressources rares est influencée par l'organisation et les institutions sociales, ces organisations et institutions font partie des conditions impliquées dans les lois économiques. Par conséquent, les lois économiques qui s'appliquent à un type d'organisation sociale peuvent ne pas l'être dans un autre type. La plupart des lois économiques sont donc "historiquement limitées" à

1. Michal Kalecki, *Theory of Economic Dynamics. An Essay on Cyclical and Long-Run Changes in Capitalist Economy*, Allen and Unwin, 1954.
2. *Id.*

certains types donnés d'organisations et d'institutions sociales [1]. »

Il ajoute que « cela n'implique cependant aucune différence fondamentale entre les lois de l'économie (ou d'autres sciences sociales) et les lois des sciences naturelles. Ces dernières dépendent également de conditions susceptibles de changer. Différentes lois des sciences naturelles ont différents degrés de permanence historique, généralement bien plus élevés que les lois de l'économie, même si cela n'est pas toujours le cas (certaines lois de la météorologie sont moins permanentes que certaines lois de l'économie). La différence n'est qu'une question de degré. Comme toutes les lois scientifiques, les lois économiques sont établies afin de prédire avec succès le résultat des actions humaines [2]. »

Pauvres

Kalecki fait remarquer qu'« une augmentation du nombre de pauvres n'élargit pas le marché [3] ».

1. Oskar Lange, « The Scope and Method of Economics », art. cité.
2. *Id.*
3. Michal Kalecki, *Theory of Economic Dynamics*, *op. cit.*

Déficit budgétaire

Kalecki considère que, « dans tous les cas de déficit budgétaire, le secteur privé de l'économie reçoit plus des dépenses publiques qu'il ne paie en impôts [1] ».

Monopole

Kalecki affirme que « nous avons constaté que le degré de monopole est susceptible d'augmenter quelque peu en période de dépression [2] ».

Croissance

Selon Kalecki, « on peut donc conclure qu'en l'absence de "facteurs de développement", le système tombe dans un état stationnaire. Ces facteurs apparaissent donc comme une condition préalable à une croissance régulière [3]. »

L'État actionnaire

L'économiste Leszek Henryk Balcerowicz (1947-), gouverneur de la Banque nationale de Pologne de

1. *Id.*
2. *Id.*
3. *Id.*

2001 à 2007, considère que « la propriété de l'État a tendance à être politisée, et les politiciens ne sont pas de bons propriétaires parce qu'ils ont tendance à éviter de prendre les mesures nécessaires [1] ».

1. Marcin Goetting, « Coal threatens Poland's image as European role-model », *Reuters*, 1er octobre 2015.

Irlande

Travail

Pour l'écrivain Oscar Wilde (1854-1900), « le travail, c'est le refuge de ceux qui n'ont rien de mieux à faire ».

Richard Cantillon (1680-1734) définit ainsi la valeur du travail : « Le travail du plus vil esclave vaut au moins la quantité de terre que le propriétaire est obligé d'employer pour sa nourriture et ses commodités nécessaires [1]. » Il considère aussi que « les métiers qui nécessitent le plus de temps de formation ou le plus d'ingéniosité et d'industrie doivent nécessairement être les mieux rémunérés ».

1. Richard Cantillon, *An Essay on Economic Theory*, trad. du français par Chantal Saucier, Ludwig von Mises Institute, 2010.

Un proverbe nous invite à commencer la journée de bonne heure car « *Má chailleann tú uair ar maidin beidh tú á tóraíocht i rith an lae* » (« Si vous perdez une heure le matin, vous la chercherez toute la journée »).

Dans la même veine, un autre explique : « *Tús maith leath na hoibre* » (« Un bon départ, c'est la moitié du travail »).

Vision

Dans *Pensées sur divers sujets moraux et divertissants*, Jonathan Swift (1667-1745) écrit que « la vision est l'art de voir les choses invisibles ». On n'en demande pas moins à un entrepreneur.

William Butler Yeats (1865-1939) considère que « le talent perçoit les différences ; le génie, l'unité ».

Conseiller

Dans *Instruction aux domestiques*, Jonathan Swift fait remarquer que « personne n'accepte de conseils ; mais tout le monde acceptera de l'argent : donc l'argent vaut mieux que les conseils ».

Oscar Wilde nous exhorte : « Ne donnez jamais, avant qu'on vous le demande, ni un conseil, ni le sel. »

Adversité

Les grands entrepreneurs sont souvent amenés à travailler dans l'adversité. D'après Jonathan Swift, « quand un vrai génie paraît dans le monde, on le distingue à cette marque : tous les sots se soulèvent contre lui ».

Pour George Bernard Shaw (1856-1950), « toutes les grandes vérités commencent par être des blasphèmes ». Shaw explique que « lorsqu'on fait quelque chose, on a contre soi ceux qui voulaient le faire à votre place, ceux qui voulaient faire le contraire et ceux qui voulaient qu'on ne fasse rien du tout ».

Edna O'Brien (1930-) considère que « le vote ne signifie rien pour les femmes. Nous devrions être armées. »

Ennemis

Oscar Wilde affirme : « Je choisis mes amis pour leur bonne présentation, mes connaissances pour leur bon caractère et mes ennemis pour leur bonne intelligence. Un homme ne peut être trop soigneux dans le choix de ses ennemis. »

Valeur

Pour Oscar Wilde, « la vraie valeur d'un homme réside non dans ce qu'il a, mais dans ce qu'il est ».

Argent

Oscar Wilde constate qu'« il n'y a qu'une catégorie des gens qui pensent plus à l'argent que les riches, ce sont les pauvres ». Il affirme : « Quand j'étais jeune, je croyais que, dans la vie, l'argent était ce qu'il y a de plus important. Maintenant que je suis vieux, je le sais. »

Shaw considère que « la façon la plus sûre de ruiner un homme qui ne sait pas gérer son argent est de lui en donner davantage ».

Richesse

Comme le souligne Oscar Wilde, souvent, on ne prête qu'aux riches : « Le plus gros avantage de la richesse, c'est qu'elle permet de faire des dettes. »

Stratégie

Oscar Wilde affirme ironiquement qu'« il faut toujours jouer loyalement quand on a des cartes gagnantes ».

Pour James Joyce (1882-1941), « un homme de génie ne fait pas d'erreurs ; ses erreurs sont volontaires et sont les portes de la découverte ».

Shaw écrit : « La règle d'or, c'est qu'il n'y a pas de règles d'or. » D'après lui, « celui qui peut, agit. Celui qui ne peut pas, enseigne. » Ceci est particulièrement vrai en économie. Shaw considère que « l'humanité serait depuis longtemps heureuse si les hommes mettaient tout leur génie non à réparer leurs bêtises, mais à ne pas les commettre ». Autrement dit, mieux vaut prévenir que guérir.

D'après Yeats, « la vie est une longue préparation à quelque chose qui n'arrive jamais ». Il conseille : « N'attendez pas que le fer soit chaud pour frapper, mais rendez-le chaud en frappant. »

Succès

D'après Shaw, le succès ne dure pas longtemps car « l'homme peut grimper aux plus hauts sommets, mais il ne peut s'y tenir longtemps ». Shaw définit le succès ainsi : « Le succès ne consiste pas à ne jamais faire d'erreur mais à ne jamais faire la même erreur deux fois. »

D'après Oliver Goldsmith (1728-1774), « le succès consiste à se relever une fois de plus que l'on ne tombe ».

Mode

Le modèle économique du luxe est basé sur un renouvellement perpétuel de la mode, ce qui fait ironiser Oscar Wilde : « La mode est une forme de laideur si intolérable qu'il faut en changer tous les six mois. »

Pour Shaw, « les modes ne sont après tout que des épidémies provoquées ».

Guerre

La guerre est un choc externe qui bouleverse l'économie et déclenche souvent l'inflation. Oscar Wilde considère que « tant que la guerre sera regardée comme néfaste, elle gardera sa fascination. Quand on la regardera comme vulgaire, sa popularité cessera. »

Par ailleurs, Shaw estime qu'« on peut beaucoup plus largement se passer des hommes que des femmes, c'est pourquoi c'est eux qu'on sacrifie dans la guerre ».

Endurance

Samuel Beckett (1906-1989) écrit : « Se donner du mal pour les petites choses, c'est parvenir aux grandes avec le temps. »

Shaw considère que « si les Anglais peuvent survivre à leur cuisine, ils peuvent survivre à tout ».

Communication

Yeats écrit : « Pensez comme un sage, mais communiquez dans la langue des gens. »

Équipe

Yeats nous conseille : « Choisissez vos compagnons parmi les meilleurs ; celui qui tire un seau avec les autres dégringole vite la colline. »

Shaw explique : « Si tu as une pomme, que j'ai une pomme, et que l'on échange nos pommes, nous aurons chacun une pomme. Mais si tu as une idée, que j'ai une idée et que l'on échange nos idées, nous aurons chacun deux idées. »

Un proverbe nous fait comprendre qu'à deux tout semble plus facile : « *Giorraíonn beirt bóthar* » (« Deux personnes raccourcissent le chemin »).

Comme le résume si bien Oscar Wilde, « certains font le bonheur partout où ils vont, d'autres chaque fois qu'ils partent ».

Éducation

D'après Yeats, « l'éducation ne consiste pas à remplir un seau, mais à allumer un feu ».

Pour Shaw, « quand un homme, enseignant ce qu'il ne sait pas à quelqu'un qui n'a aucune aptitude pour l'apprendre, lui donne un diplôme, ce dernier a complété son éducation d'homme comme il faut ».

Compromis

Pour donner un exemple de ce qu'est un compromis à l'anglaise, Yeats écrit : « Vous savez ce que l'Anglais entend par compromis ? Il dit : "Certains disent qu'il y a un Dieu. D'autres disent qu'il n'y a pas de Dieu. La vérité se situe probablement quelque part entre ces deux affirmations". »

Progrès

Shaw explique que « l'homme raisonnable s'adapte au monde ; l'homme déraisonnable s'obstine à essayer d'adapter le monde à lui-même. Tout progrès dépend donc de l'homme déraisonnable. » Il considère que « la décadence ne peut trouver d'agents que lorsqu'elle porte le masque du progrès ».

Prix Nobel

D'après Shaw, « le prix Nobel est une bouée de sauvetage lancée à un nageur qui a déjà atteint la rive ».

Médecine

Shaw estime que « nous avons toujours la foi. Mais ce que nous attendions de Dieu, nous l'attendons aujourd'hui de la science médicale. »

Positionnement

L'économiste Thomas Michael Kettle (1880-1916) écrit : « Mon seul conseil à l'Irlande est que, pour devenir profondément irlandaise, elle doit devenir européenne. »

Anticonsumérisme

Un proverbe irlandais dit que « la suffisance et l'absence de gaspillage valent bien un festin ».

Inflation

Dans *Essai sur la nature du commerce en général* (1755), Richard Cantillon considère que « lorsqu'un

État s'étend par le commerce, et que l'abondance de l'argent enchérit trop les prix de la terre et du travail, le Prince ou la législature devraient retirer de l'argent, le garder pour des cas imprévus et tâcher de retarder sa circulation par toutes les voies ».

Confidentialité

Un proverbe nous avertit que « *Is fearr cogar i gcluais Nora ná liú ón gcnoc is airde* » (« Un murmure à l'oreille de Nora est aussi bon qu'un cri depuis la plus haute colline »), ce qui signifie que dès que vous confiez un secret à quelqu'un, ce n'est plus un secret.

Se tromper

D'après Jonathan Swift, « il ne faut jamais avoir honte d'admettre que l'on s'est trompé. Cela prouve que vous êtes plus sage aujourd'hui qu'hier. »

Samuel Beckett affirme : « Avoir essayé. Avoir échoué. Peu importe. Réessayez. Échouez encore. Échouez mieux. »

Slovaquie

Nationalisme

Jan Kollar (1793-1852), prêtre, homme politique, scientifique et philosophe, considère que le nationalisme mène à la haine, à l'agression ou à la guerre. Il parle ainsi du « fruit amer et douloureux de l'arbre du nationalisme ».

Ľudovít Štúr (1815-1856) considère que « toute vanité nationale qui n'a pas de fondement plus profond en elle-même est vide. Il s'agit, après tout, de l'humanité, dont nous sommes membres au même titre que toutes les autres nations. »

Cycles

Pour Štúr, « après chaque été, il y a un automne et finalement un hiver dans la nature, et cette séquence apparaît également dans l'histoire du monde. Les nations, épuisées par la chaleur et le travail, quittent peu à peu la scène de l'histoire, et il s'ensuit un temps de l'histoire, un hiver spirituel, par lequel une vie s'achève… Cependant, l'évolution de l'humanité se poursuit, les vérités éternelles ne s'effondrent pas, au contraire : de même qu'avec l'arrivée du printemps la nature s'éveille à une vie abondante après l'hiver et commence avec une force renouvelée, il en est de même dans la vie de l'humanité. »

Endurance

D'après Štúr, « rien de grand, rien de beau, rien de noble n'a été créé sans sacrifice ; seuls les faibles ne peuvent apprendre à se sacrifier, mais l'âme noble brûle pour cela, car c'est dans le sacrifice que l'esprit montre sa puissance, sa domination ».

Gouvernance

En 1846, Štúr écrit : « Ce n'est pas le bonheur de s'élever au-dessus des autres et d'opprimer les autres, mais le bonheur de vivre avec les autres, également éduqués, également heureux, également satisfaits. »

Budget

D'après Ľudovít Ódor (1976-), Premier ministre slovaque, « un budget équilibré, c'est comme une autoroute entre Bratislava et Košice. Il arrive, il arrive, mais à la fin, un tunnel le compliquera toujours [1]. »

Selon Lydia Šimková, « il est bon de s'endetter auprès de l'État lorsque la dette ne doit pas être payée par les politiciens, mais par les citoyens de l'État ».

Chômage

Štefan Luby (1941-) considère que « la main invisible du marché crée des emplois, le pied invisible du marché nous en chasse ».

Ján Fekete Apolkin évoque avec humour le passage de l'économie de plan avec des pénuries alimentaires, mais avec un travail garanti, à une économie de marché où il y a du chômage : « Nous avions l'habitude de faire la queue pour les bananes. Ne le regrettons pas. Au moins, nous nous sommes entraînés à attendre devant les agences pour l'emploi. »

Zdena Kalčíková ironise sur l'inefficacité de l'agence pour l'emploi : « L'agence pour l'emploi

---

1. Voir https://www.odor.sk/svk/ekonomia/178/medialny-trojboj.

nous trouvera sûrement un travail : courir autour des bureaux. »

Argent

Štefan Luby estime qu'« il est facile de ne pas avoir d'argent à jeter par les fenêtres. Il est plus difficile d'en avoir et de le gaspiller utilement ». D'après lui, « celui qui prend vite, prend deux fois ».

Peter Gossányi considère que « mille boomerangs ont plus de chances de revenir que mille euros empruntés ».

Impôt

Pour Štefan Luby, « le contribuable est le terme contemporain pour la *misera contribuens plebs* historique ».

Pauvreté

Ľubica Rusnáková affirme : « La Slovaquie a déclaré la guerre à la pauvreté. Jusqu'à présent, elle est en train de perdre [1]. »

1. Voir https://blog.sme.sk/lubicarusnakova/sukromne/aforizmy-vsednych-dni.

Pays

En décembre 2022, Milan Kenda (1937-) s'interroge : « Qu'est-ce qui caractérise la Slovaquie d'aujourd'hui ? Une inflation élevée et une faible estime de soi [1]. »

En 2021, Josef Billy écrit : « Le gouvernement aurait préparé pour l'Union européenne un bon plan de reconstruction de notre pays. Cependant, il est peu probable qu'il soit en mesure de préparer un plan pour restaurer la confiance avec ses citoyens [2]. »

Dépenses

En 2022, Ján Marsálek déclare : « La culture passe avant tout quand il s'agit de réduire les dépenses. »

Microéconomie et macroéconomie

Dans l'article « Ce que les coronas nous ont appris », Zuzana Brnoliaková écrit : « Même un

1. *Literárny Týždenník* (« la Semaine littéraire »), *Aforizmy a epigramy (dvoj)týždňa 2023*, (en ligne : https://www.literarny-tyzdennik.sk/zanre/aforizmy).
2. *Id.*

ennemi microscopique peut avoir des conséquences macroéconomiques. »

Inégalités

Milan Kupecký déclare : « Politique sociale libérale : la grosse maille sur le filet de sécurité sociale et les petites sur la soupe [1]. »

Selon Josef Billy, « ce qui divise le plus les gens, c'est l'insatisfaction à l'égard de la distribution [2] ».

Paye

D'après Peter Gossányi, « les mieux payés sont les acteurs qui jouent du théâtre dans l'arène politique ».

Pavel Fábry affirme : « Un bon conseil sur votre porte-monnaie : vous voulez avoir un revenu supérieur à votre salaire ou à votre pension ? Migrez ! »

---

1. *Id.*
2. *Id.*

Intégrité

Pour Imrich Kupec, « la qualité de la société dépend de personnes qui n'ont pas de valeur marchande : l'une d'entre elles ne doit pas pouvoir être achetée, et l'autre ne doit pas être à vendre ».

Lettonie

Système économique

Après le retour à l'indépendance en 1991, comme l'explique Valdis Dombrovskis (1971-), commissaire européen au commerce, Premier ministre (2009-2014) et ministre des Finances (2002-2004), « la mise en place d'une économie fonctionnelle était vitale pour la nation qui venait de renaître. Son programme de réformes contenait des éléments standard de changement systémique : libéralisation des prix et du commerce, stabilisation macroéconomique et privatisation. Toutes sortes d'institutions et de législations nationales ont dû être mises en place, souvent à partir de zéro [1]. »

1. Valdis Dombrovskis, *How Latvia Came through the Financial Crisis*, Peterson Institute for International Economics, 2011, p. 7.

Raita Karnīte (1949-), économiste, explique : « Le début des années 1990 a été une période d'espoir, d'opportunités et d'effondrement. Lorsque la grande transformation économique a commencé, peu de gens comprenaient ce qu'elle signifiait, ce qu'elle serait et ce qu'elle apporterait. Au début, il était question de liberté, de reconquête de son pays et de souveraineté nationale. L'ouverture des frontières, la rencontre d'êtres chers séparés, l'élévation émotionnelle générale et l'espoir d'une vie meilleure – tout cela en cadeau [1] ! »

Arnolds Aizsilnieks (1898-1982), historien et économiste, écrit : « Lorsqu'ils ont entrepris de revitaliser et de construire l'économie nationale lettone, ceux qui déterminent la politique économique lettone n'ont pas jugé possible de se laisser guider par l'objectif purement économique de l'augmentation du revenu national. Ils ont donné la priorité aux objectifs politiques nationaux, afin de consolider et d'assurer l'indépendance acquise par le peuple letton [2]. »

Les historiens Gatis Krūmiņš (1973-) et Aivars Stranga (1954-) ont une autre lecture : « Au cours

---

1. Gatis Krūmiņš (ed.), *Latvija 1918-2018 : valstiskuma gadsimt*, Riga, 2017.

2. Arnolds Aizsilnieks, *Latvijas saimniecības vesture (1914-1945)*, Stockholm, 1968.

de cette période (le XXe siècle), les secteurs économiques de la Lettonie, ainsi que la société dans son ensemble, ont fait preuve d'une étonnante capacité d'adaptation et de survie dans un large éventail de circonstances, quel que soit le caractère insensé des décisions prises par les autorités politiques [1]. »

Cycles

L'économie de marché est instable et cyclique par nature. Vaira Vīķe-Freiberga (1937-), présidente de la Lettonie (1999-2007), attire l'attention sur l'erreur de ne pas épargner en haut du cycle économique afin d'avoir l'argent nécessaire pour amortir le retournement du cycle : « Il faut espérer que les futurs Premiers ministres de Lettonie comprendront mieux la parabole de l'Ancien Testament, à travers laquelle la présidente de Lettonie de l'époque a tenté en vain de convaincre le Premier ministre de l'époque que le rêve de Pharaon, où sept vaches grasses étaient suivies de sept vaches maigres, pouvait être tout aussi prophétique à notre époque. À l'époque, le Premier ministre n'avait retenu que l'idée des "années grasses", mais pas le conseil d'être

1. Ivars Ijab, Jan Kusber, Ilgvars Misan, Erwin Oberlander, *Latvija 1918-2018 : valstiskuma gadsimts*, Riga, 2018.

fiscalement responsable et d'essayer de se prémunir contre les défis futurs, même pendant les années grasses. Vivez la vie, apprenez la vie [1] ! »

Repositionnement

Valdis Birkavs (1942-), Premier ministre (1993-1994), explique que « l'évolution du capitalisme dans le monde surpeuplé d'aujourd'hui, ainsi que la diminution des ressources et des territoires, exigent une nouvelle philosophie, de nouvelles approches politiques et économiques et un nouveau système d'éducation [2] ».

En 2016, Juris Ozoliņš, président de la Commission de sécurité énergétique, ancien ministre d'État à l'énergie, déclare : « Le processus d'intégration couvre tous les secteurs de l'économie. L'éducation et la science doivent être au premier plan. Dans le même temps, nous ne devons pas répéter les erreurs des deux dernières décennies en tentant obstinément d'inventer une voie spéciale pour le développement de la Lettonie. »

---

1. Gatis Krūmiņš (ed.), *Latvija 1918-2018*, *op. cit.*
2. Linas Jegelevicius, « I don't exclude the possibility that each of the three Baltic countries will follow their own path », *The Baltic Times*, 31 juillet 2018.

Crise

Les crises peuvent être de réelles opportunités si l'on sait en tirer profit. À ce titre, Mārtiņš Kazāks (1973-), économiste et président de la Banque de Lettonie, affirme : « Il y a eu des crises et il y en aura encore – l'essentiel est de ne pas les gâcher [1] ! »

Précariat

Le précariat est un néologisme, formé de la contraction des mots « précarité » et « prolétariat ».

Ivars Šuvajevs (1963-), philosophe et professeur, écrit : « Bien qu'il soit tout à fait légitime de se demander si le capitalisme existe encore aujourd'hui, il est beaucoup plus courant de parler de précariat que de prolétariat [2]. »

Consumérisme

Ivars Šuvajevs remarque : « Les pauvres sont aussi pauvres que les riches. Aujourd'hui, c'est le consumérisme qui domine, caractérisé non pas par une

1. Gatis Krūmiņš (ed.), *Latvija 1918-2018*, *op. cit.*
2. Ivars Shuvaevs, *Laika raksturojums : Vērtību un identitātes meklējumos*, Riga, 2013.

utilisation judicieuse mais par la dépense, ce qui crée un individu dépensier qui est tout aussi accablé par la pauvreté que par la richesse [1]. »

1. *Id.*

Portugal

Or

Luis de Camões (1525-1580), considéré comme le plus grand poète portugais, a vécu à l'époque où le Portugal rivalisait avec les grands royaumes européens grâce à son Armada. Il écrit que « l'or envahit les forteresses ; il fait les faux amis et les traîtres, conseille des bassesses aux plus nobles cœurs, et de lâches défections aux vaillants capitaines. Il ravit aux vierges timides les pudiques alarmes de l'honneur. Il tente quelquefois les enfants de Minerve, il déprave leur conscience et flétrit leur génie. L'or interprète et dénature les oracles de Thémis. Il fait et défait les lois. Par lui le parjure entre dans les familles, et la tyrannie dans le cœur des rois. Souvent même on l'a vu se glisser jusqu'au sanctuaire, éblouir le pieux cénobite et profaner la pureté des autels [1]. »

António Vieira (1608-1697), prêtre jésuite et plus grand écrivain portugais du XVIIe siècle, estime que « la fortune n'égale jamais le désir des hommes ».

Richesse

Le romancier, poète et dramaturge Almeida Garrett (1799-1854) écrit : « Je demande aux économistes politiques et aux moralistes s'ils n'ont jamais calculé le nombre d'individus qu'il faut condamner à la misère, au surmenage, à la démoralisation, à l'avilissement, à l'ignorance profonde, au malheur accablant et à l'indigence totale pour produire un seul homme riche [2]. »

Éducation

Pour Vieira, « une bonne éducation est une monnaie d'or. Partout où vous allez, elle a de la valeur ».

---

1. Luís Vaz de Camões, *The Lusiads*, trad. du portugais par Landeg White, Oxford, Oxford University Press, 2001.

2. Almeida Garrett, *Viagens na Minha Terra*, São Paulo, Martin Claret, 2012.

Respect

Vieira attire l'attention sur le fait que manquer de respect est irréparable : « La restitution du respect est beaucoup plus difficile que le don d'argent. »

Résultat

Pour Vieira, « le fruit récolté est à l'image du travail effectué ».

Changement

Dans le poème « Changent les temps, changent les volontés », Camões nous explique que la seule constante de notre existence est le changement :

« Changent les temps, changent les volontés,
et change l'être et change la confiance ;
le monde entier est empreint d'inconstance,
gagnant toujours nouvelles qualités.

Sans cesse nous voyons des nouveautés,
différant en tout point de nos espoirs ;
du mal restent les plaies dans nos mémoires,
et du bien (s'il en exista) le regret.

Le temps couvre le sol d'un vert manteau,
que la neige glacée couvrait naguère,
et convertit mon doux chant en sanglot.

Et non content de changer chaque fois,
il nous étonne en changeant plus qu'hier,
car il ne change plus comme autrefois. »

Réputation

Dans le poème épique *Les Lusiades* qui évoque la découverte de la route des Indes par Vasco de Gama et de nombreux autres épisodes de l'histoire du Portugal à l'instar de l'*Énéide* ou de l'*Odyssée*, Camões écrit : « Ô gloire de commander ! Ô vaine convoitise de cette vanité qu'on appelle Renommée ! Désir trompeur, attisé par ce qu'on nomme gloire et qui n'est que du vent ! Que tu sais bien châtier et justement frapper le cœur vain qui tant te chérit ! Quelles morts, quels périls, quelles tourmentes, quelles cruelles souffrances n'essayes-tu pas sur eux !

Dure inquiétude de l'âme et de la vie, source d'abandons et d'adultères, fléau infaillible et réputé de biens, de royaumes et d'empires ! On te dit illustre, on te dit sublime, quand tu ne mérites que d'infamants outrages. On te dit Renommée et Gloire souveraine, noms dont on leurre le peuple ignorant ! »

Il ajoute : « C'est à travers ces affreux périls, ces lourdes épreuves et ces angoisses que les hommes épris de renom obtiennent les honneurs immortels et les plus hauts degrés de gloire : ce n'est pas en paressant à l'ombre séculaire de leurs nobles ancêtres, ou dans des lits dorés, blottis dans les précieuses fourrures de zibelines moscovites… »

António Vieira, un prêtre qui a pris position contre la toute-puissante Inquisition de son temps et contre l'esclavage, souligne le fait que la réputation ne se résume pas à une statue faite par le pouvoir, mais s'explique par l'appréciation de ses semblables : « Caton n'avait pas de statue sur le Capitole. Les étrangers venaient à Rome, voyaient les statues de ces hommes célèbres et posaient des questions sur Caton. Cette question était la plus grande statue de toutes. Le Sénat a érigé une statue pour les autres, le monde a érigé une statue pour Caton. »

Orgueil

Dans les *Mystères de Lisbonne*, Camilo Castelo Branco explique : « L'orgueil, chez un homme pauvre, est une passion terrible. Chez le riche, elle se répand en fastes qui éblouissent ses ennemis. Chez le pauvre, elle aspire à une vengeance sourde, quand elle ne le consume pas lentement. »

Curiosité

La curiosité est indissociable de l'esprit entrepreneurial. Comme l'explique José Maria de Eça de Queiroz (1845-1900), « la curiosité mène à tout : parfois à écouter aux portes, parfois à découvrir l'Amérique ».

Faire de son mieux

Fernando Pessoa (1888-1935) nous conseille : « Ce que tu fais, fais-le suprêmement ! »

Vieira affirme : « Si vous servez votre pays, qui a été ingrat envers vous, vous avez fait ce que vous deviez faire, il a fait ce qu'il devait faire. »

Prévisions

Dans *Histoire du futur*, Vieira écrit : « Le monde entendra ce qu'il n'a jamais vu, lira ce qu'il n'a jamais entendu, admirera ce qu'il n'a jamais lu et s'émerveillera de ce qu'il n'a jamais imaginé. »

Communication

Vieira attire notre attention sur la suprématie des images par rapport aux mots : « Ce qui entre par les oreilles se crée, ce qui entre par les yeux s'impose. » Par conséquent, il conseille aux prêtres de prêcher de manière imagée : « Ne savez-vous pas, prêtres, pourquoi nos sermons ne touchent pas le cœur des gens ? Parce que nous ne prêchons pas aux yeux, mais seulement aux oreilles. »

Mais, finalement, ce sont les actes qui comptent : « Les mots suffisent pour parler au vent, les actes sont nécessaires pour parler au cœur. »

Générosité

La générosité est la clé du succès de toute entreprise. Comme le souligne Vieira, « les actions généreuses, non pas les parents illustres, sont la marque des gentilshommes ».

Temps

Dans *L'Autre comme moi*, José de Sousa Saramago (1922-2010), prix Nobel de littérature en 1998, fait remarquer : « L'on dit souvent : Donnons du temps au temps, mais on oublie toujours de demander : Y a-t-il du temps à donner. »

Hasard

Pour Saramago, « le hasard ne choisit pas, il propose [1] ».

Stratégie

Entreprendre signifie créer, oser aller au bout de ses rêves et de ses idées. Saramago nous conseille : « Il faut se laisser guider par l'enfant qu'on a été. L'enfant, c'est quelque chose qui est quelqu'un qui n'est plus [2]. »

Expérience

Camões explique que « l'art de la guerre ne s'apprend point dans les livres, ni dans le silence de

1. José de Sousa Saramago, *Tous les noms*, trad. du portugais par Geneviève Leibrich, Paris, Seuil, 1999.
2. José de Sousa Saramago, *Menus souvenirs*, trad. du portugais par Geneviève Leibrich, Paris, Points, 2014.

la retraite ». Il précise que « la guerre s'étudie sur les champs de bataille ».

D'après Saramago, « ce n'est pas à l'écorce qu'on connaît le fruit mais en y plantant les dents ».

Commerce international

Arthur Dunkel (1932-2005) a été directeur du GATT entre 1980 et 1993. Le GATT est l'acronyme d'Accord général sur les tarifs douaniers et le commerce, conclu en 1947 et en vigueur jusqu'en 1994. L'Organisation mondiale du commerce prend la suite du GATT à partir de 1995.

Pour Arthur Dunkel, « régionalisme et multilatéralisme peuvent constituer les deux faces d'une même pièce [1] ». L'objectif du GATT est d'empêcher le retour au protectionnisme, responsable de l'aggravation de la crise des années 1930, en réduisant les entraves aux échanges, notamment les droits de douane. Il est passé de vingt-trois pays à l'origine à cent vingt-huit pays signataires, permettant de réduire de 40 % à moins de 5 % le niveau moyen

1. Arthur Dunkel, « Regionalism and multilateralism are two sides of the same coin. GATT surveillance ensures the coinage is not debased », *GATT Newsletter*, septembre 1992.

des tarifs douaniers sur les biens manufacturés des pays industrialisés.

Comme l'explique Arthur Dunkel en 1989, « négocier à perte de vue sur un abaissement de deux ou trois points d'un droit de douane, c'était le GATT de Papa. Aujourd'hui, l'enjeu est global. Il intéresse tous les acteurs de la vie économique, à commencer par les moyennes et petites entreprises, celles qui sont battues d'avance dans un monde sans règles et sans discipline. Il s'agit d'offrir à chaque producteur la possibilité de vendre sur un marché aussi vaste que possible en sachant que, s'il a des atouts pour gagner, il pourra effectivement gagner. Il s'agit aussi pour les acheteurs, désormais à même de s'informer sur tout ce qui se produit dans le monde, de s'approvisionner aux meilleures conditions. »

Le Royaume-Uni et la Norvège

Royaume-Uni

Monnaie

Le philosophe Francis Bacon (1561-1626) considère que la monnaie doit circuler pour être bénéfique à l'économique : « La monnaie est la vie du commerce, l'esprit vital des échanges ; comme le fumier, elle n'est bonne à rien si ce n'est à être répandue [1]. »

Comme l'explique David Hume (1711-1776) dans *Essai sur la circulation monétaire* (1752), « la monnaie est l'huile qui rend le mouvement des engrenages plus doux et plus aisé ».

Pour John Stuart Mill (1806-1873) dans *Principes d'économie politique* (1848), « la valeur de la monnaie dépend non seulement de sa quantité, mais

1. Francis Bacon, *Of Seditions and Troubles*, 1625.

aussi de la rapidité de la circulation [...]. La somme des marchandises et celle des transactions restant les mêmes, la valeur de la monnaie est en raison inverse de sa somme multipliée par la rapidité de sa circulation. »

Argent

Un proverbe anglais dit que « l'argent est rond pour rouler ».

Dans *Timon d'Athènes* (1607), William Shakespeare (1564-1616) parle de l'argent en tant que facilitateur : « Quand l'argent précède, toutes les portes s'ouvrent. »

Capitaux

Adam Smith (1723-1790) avertit sur la mobilité des capitaux qui facilite leur fuite en cas de dégradation des conditions économiques ou fiscales : « Un marchand n'est pas nécessairement citoyen d'un pays en particulier. Il lui est, en grande partie, indifférent en quel lieu il tient son commerce, et il ne faut que le plus léger dégoût pour qu'il se décide à emporter son capital d'un pays dans un autre, et avec toute l'industrie que ce capital mettait en activité [1]. »

Épargne

Dans son livre *Vers une économie dynamique* (1948), Roy Forbes Harrod (1900-1978) explique que « l'épargne est une vertu et [...] une force poussant à la dépression ».

Chômage

Dans la *Théorie générale de l'emploi, de l'intérêt et de la monnaie* (1936), John Maynard Keynes considère que, d'une part, « le plein emploi ou même une situation voisine du plein-emploi est rare autant qu'éphémère » et que, d'autre part, « tout homme mis au chômage [...] provoquera, à son tour, un chômage accru parmi les travailleurs qui auraient produit ce qu'il n'a pas les moyens d'acheter. Et c'est ainsi que la situation ne cesse d'empirer en un cercle vicieux. »

1. Adam Smith, *An Inquiry into the Nature and Causes of the Wealth of Nations*, 1776.

Dans *La Théorie du chômage* (1930), Arthur Cecil Pigou (1877-1959) explique : « Tout chômage quelconque a uniquement sa cause dans le fait que des changements dans les conditions de la demande ont lieu sans cesse, et que les résistances de frictions empêchent que l'ajustement des salaires appropriés ne s'effectue instantanément. » Il ajoute que « le plein emploi n'existe certes pas toujours mais il tend toujours à s'instaurer [...] si le système économique n'est pas sujet à des influences modificatrices ».

Système économique

Comme le fait remarquer avec beaucoup d'humour Jeremy Bentham (1748-1832) dans *A Despot's interest in the Prosperity of his Subjects*, « il est de l'intérêt du loup que les moutons soient nombreux et bien gras ».

Comme l'explique Alfred Marshall (1842-1924) dans *Principes d'économie politique* (1890), « toutes choses restant égales, une personne a plus de richesses véritables qu'une autre si l'endroit où elle vit a des meilleures rues, une meilleure eau, un système d'égouts plus salubres, de meilleures occasions de distraction et d'instruction ».

Le Premier ministre Tony Blair (1953-) explique le rôle du modèle social dans une économie globalisée de la manière suivante : « La raison d'être de notre modèle social devrait être d'optimiser notre aptitude à soutenir la concurrence et d'aider nos concitoyens à se faire à la mondialisation, à en saisir les chances et à en éviter les dangers [1]. »

Consommateur

Adam Smith estime que « la consommation est l'unique but, l'unique terme de toute production, et on ne devrait jamais s'occuper de l'intérêt du producteur qu'autant seulement qu'il faut pour favoriser l'intérêt du consommateur [2] ».

Commerce

Dans *Recherche sur la nature et les causes de la richesse des nations* (1776), Adam Smith définit le commerce comme la quintessence de l'économie de marché : « Ainsi, chaque homme subsiste d'échanges

1. Voir http://edition.cnn.com/2005/WORLD/europe/06/23/blair.europe.text/index.html.
2. Adam Smith, *An Inquiry...*, *op. cit.*

et devient une espèce de marchand, et la société elle-même est proprement une société commerçante. »

Crise

David Ricardo explique : « Une guerre qui éclate après une longue paix, ou une paix qui succède à une longue guerre, occasionne en général une grande détresse dans le commerce. Ces événements changent considérablement la nature des emplois auxquels les capitaux étaient consacrés auparavant dans chaque pays ; et pendant que s'en opère le nouveau classement, le capital fixe dort, s'anéantit même parfois, et les ouvriers n'ont plus assez de travail. La durée de cette crise sera plus ou moins longue, selon le degré de répugnance que la plupart des hommes éprouvent à quitter le genre d'industrie dans lequel ils ont pendant longtemps été dans l'habitude d'employer le capital [1]. »

Démographie

Dans la *Recherche sur la nature et les causes de la richesse des nations*, Adam Smith considère que « la

1. David Ricardo, *On The Principles of Political Economy and Taxation*, Kitchener, Batoche Books, 1821.

marque la plus décisive de la prospérité d'un pays est l'augmentation du nombre de ses habitants ».

Thomas Malthus (1766-1834), dans son *Essai sur le principe de la population* (1798), avertit qu'« en absence de freins, la population double tous les vingt-cinq ans : elle augmente en progression géométrique ». Il ajoute que « le pouvoir multiplicateur de la population est infiniment plus grand que le pouvoir de la terre de produire la substance de l'homme ».

Dette

Dans son discours du 14 octobre 1983, devant les membres du parti conservateur, la Première ministre Margaret Thatcher (1925-2013) souligne le fait que « l'argent public n'existe pas, il n'y a que l'argent des contribuables ». Autrement dit, toute dépense publique se traduit par de l'impôt.

Entrepreneur

Winston Churchill voit l'entrepreneur comme le moteur de l'économie : « Beaucoup considèrent le chef d'entreprise comme un homme à abattre, ou une vache à traire. Peu voient en lui le cheval qui tire le char [1]. »

Valeur

Dans *Principes d'économie politique* (1848), John Stuart Mill explique : « En tout lieu la valeur d'une chose dépend de ce qu'elle coûte à acquérir dans ce lieu et, par conséquent, celle d'un article d'importation dépend du coût de l'article d'exportation dont le prix a servi à payer l'article importé. »

Pauvreté

John Stuart Mill se demande comment aider les pauvres sans les rendre dépendants des aides, mais en leur permettant de s'en sortir : « Le problème à résoudre est d'une particulière subtilité et d'une grande importance : comment donner la plus grande quantité d'aide possible tout en créant, le moins possible, une dépendance à cette aide [2]. »

---

1. Richard Langsworth, *Churchill by Himself. The Definitive Book of Quotations*, New York, Public Affairs, 2008.
2. John Stuart Mill, *Principles of Political Economy*, 1848.

Thomas Malthus souligne aussi la difficulté de les aider à s'en sortir au lieu de les condamner à la pauvreté à perpétuité : « Les lois sur les pauvres créent les pauvres qu'elles assistent [1]. »

Dans *La Grande Évasion. Santé, richesse et origines des inégalités* (2013), Angus Deaton (1945-), qui a reçu le prix Nobel d'économie en 2015, écrit : « Toutes les familles partagèrent la prospérité croissante jusque dans la deuxième moitié des années 1970. Depuis, un écart s'est creusé. Comme nous l'ont déjà appris les chiffres de la pauvreté, les 20 % les moins riches ne se sont guère enrichis. La croissance de leur revenu moyen fut de moins de 0,2 % par an au cours de quarante-quatre dernières années, et même avant la récession, leur revenu réel n'était pas plus élevé qu'à la fin des années 1970. Le revenu moyen des 20 % les plus riches, en revanche, a augmenté plus vite, de 1,6 % par an, mais moins vite que celui des 5 % les plus riches, dont le revenu a augmenté de 2,1 % par an. »

Deaton dénonce le fait que beaucoup de régions n'ont pas connu d'« évasion » par rapport à la pauvreté et à la mort prématurée. Néanmoins, il considère que « si la pauvreté n'est pas le résultat d'un

1. Thomas Malthus, *An Essay on the Principle of Population*, 1798.

manque de ressources et de possibilités, mais de mauvaises institutions, d'un mauvais gouvernement et d'une politique toxique, donner de l'argent aux pays pauvres – et surtout au gouvernement des pays pauvres – risque de rendre la pauvreté plus durable au lieu de l'éliminer. »

Monopole

Adam Smith est contre les monopoles : « Pour favoriser les petits intérêts d'une petite classe d'hommes dans un seul pays, [le monopole] blesse les intérêts de toutes les autres classes dans ce pays-là, et ceux de tous les hommes dans tous les autres pays [1]. »

Productivité

Dans *Principes d'économie politique*, Alfred Marshall explique que « la puissance productive d'un pays peut s'accroître d'une façon plus que proportionnelle à l'augmentation du chiffre de sa population ». Il complète sa réflexion : « Si la nature est sujette aux rendements décroissants, l'homme est lui

1. Adam Smith, *An Inquiry…*, *op. cit.*

sujet aux rendements croissants. Le savoir est le moteur de la production le plus puissant. Il nous permet de maîtriser la nature et de satisfaire les besoins. »

Spéculation

Quand la bourse ne reflète plus la valeur intrinsèque des entreprises, mais entraîne leurs valeurs dans une spirale spéculative, une bulle se constitue. Elle finira par éclater afin de corriger les prix des actions des entreprises directement concernées en causant aussi des dégâts collatéraux, comme nous l'avons par exemple vu avec la bulle des *subprimes*. Keynes résume ceci de la manière suivante : « La situation devient sérieuse lorsque l'entreprise n'est plus qu'une bulle d'air dans un tourbillon spéculatif[1]. »

Croissance

Comme l'explique John Stuart Mill dans les *Principes d'économie politique* (1848), « l'accroissement de la richesse n'est pas limité. À la fin de ce que l'on

1. John Maynard Keynes, *The General Theory of Employment, Interest, and Money*, 1936.

appelle l'état progressif se trouve l'état stationnaire [...]. L'état stationnaire, cet état dans lequel le capital ne peut augmenter que s'il survient quelque perfectionnement dans les arts productifs ou un accroissement dans la puissance du désir d'accumuler. »

Dans *Jump the Curve* (2008), Kenneth Ewart Boulding (1910-1993) estime que « celui qui croit qu'une croissance exponentielle peut continuer indéfiniment dans un monde fini est un fou, ou un économiste ».

Angus Deaton considère que « la vie est une grande évasion devant la privation et devant une mort précoce ». Il explique que rien ne garantit qu'il y ait un lien direct entre croissance et pauvreté à moins que les États-nations interviennent pour une redistribution des richesses dans leur pays. Pour lui, ce progrès est non linéaire. Comme il n'y a pas de gouvernement mondial pour agir sur les inégalités internationales, l'inégalité planétaire entre les individus continuera. Deaton souligne le fait qu'il existe entre les pays des différences presque inimaginables dans le niveau de vie matériel moyen, et les écarts entre les pauvres et les riches à l'intérieur de chaque pays sont à peine moins larges. Il tire la sonnette d'alarme sur le fait que, dans beaucoup de pays riches, l'inégalité des revenus est montée en flèche ces dernières années. Il observe un lien positif entre l'espérance de vie et le revenu : la santé et la richesse vont souvent de pair. Deaton considère que « les moyennes ne consolent pas ceux qui sont laissés derrière » et que « la croissance économique a été le moteur de l'inégalité de revenu mondiale ».

Bien-être

Deaton attire notre attention sur le fait que « les économistes se concentrent sur le revenu, les spécialistes de santé publique se focalisent sur la mortalité et la morbidité, les démographes s'intéressent aux naissances, aux décès et à la taille des populations. Tous ces facteurs contribuent au bien-être, mais aucun d'entre eux n'est le bien-être. Cette affirmation va de soi, mais les problèmes qui en découlent sont moins évidents [1]. »

Deaton « emploie le terme de bien-être pour désigner toutes les choses bonnes pour un individu, tout ce qui rend la vie meilleure. Cela inclut le bien-être matériel, comme le revenu et la richesse ; le bien-être physique et psychologique, représenté par la santé et le bonheur ; l'éducation et la capacité à participer à

1. Angus Deaton, *La Grande Évasion. Santé, richesse et origines des inégalités*, Paris, Puf, 2019.

la vie de la société civile par le biais de la démocratie et l'état de droit. »

Il précise que « s'inquiéter des conséquences de l'inégalité extrême n'a rien à voir avec la jalousie envers les riches et à tout à voir avec la peur que les revenus les plus élevés qui augmentent rapidement sont une menace pour le bien-être de tous les autres ». Pour lui, « le PIB n'est pas seulement un pauvre indicateur du bien-être, mais il a aussi ses limites en tant que mesure du revenu ».

PIB

D'après Deaton, « le bien-être matériel et ses mesures – PIB, le revenu personnel et la consommation – ont depuis peu mauvaise presse. On nous dit souvent que dépenser plus ne rend pas notre vie meilleure [...]. Même parmi ceux d'entre nous qui approuvent la croissance économique, il y a beaucoup d'adversaires du PIB tel qu'il est actuellement défini et mesuré. Le PIB exclut des activités importantes, comme les services rendus par les ménagères ; il ne tient pas compte des loisirs, et il mesure souvent très mal les choses qu'il inclut bel et bien. Il inclut aussi des choses qui devraient sans doute être exclues, comme le coût de la lutte contre la pollution, de la construction des prisons ou des transports entre banlieue et centre-ville. Ces dépenses "défensives" ne sont pas bonnes en soit, mais sont hélas nécessaires pour permettre des choses qui, elles, sont bonnes[1]. »

Il ajoute : « Si le crime augmente, et que nous dépensons plus en prisons, le PIB sera plus élevé. Si nous négligeons le changement climatique, et que nous dépensons de plus en plus pour nettoyer et réparer après les ouragans, le PIB ne diminuera pas, mais augmentera ; nous comptons les réparations sans tenir compte des destructions[2]. »

Inégalités

Deaton estime que « cela peut être mauvais si les gagnants essaient d'empêcher les autres de les suivre, remontant l'échelle derrière eux ».

Pour John Stuart Mill, « le meilleur état pour la nature humaine est celui dans lequel personne n'aspire à devenir plus riche, et ne craint d'être renversé en arrière par les efforts que font les autres pour se précipiter en avant. Je ne vois pas pourquoi il y aurait lieu de se féliciter de ce que les individus, déjà plus riches qu'il n'est besoin, doublent la faculté

1. Angus Deaton, *La Grande Évasion*, *op. cit.*
2. *Id.*

de consommer des choses qui ne leur procurent que peu de plaisir autrement que comme signe de richesse [1]. » Par ailleurs, Mill considère que « ce n'est pas une nécessité naturelle qu'un être humain soit un fieffé égoïste [2] ».

Dans le livre *Morts de désespoir. L'avenir du capitalisme* (2021), Anne Case (1958-), professeure à l'université de Princeton, et Angus Deaton écrivent que même si le Covid-19 disparaissait, l'épidémie de « morts de désespoir » (dus aux suicides, à l'alcoolisme et à la consommation de drogues) de la classe ouvrière blanche américaine qui croyait auparavant à l'*American dream* continuerait. Ils attribuent ceci à la fragilisation des emplois et à l'ubérisation, qui provoquent une détresse compensée par l'alcool et les drogues. Ils attirent l'attention sur le fait que, pour la première fois depuis 1918, l'espérance de vie aux États-Unis a baissé.

Pour eux, « l'inégalité est souvent citée pour ses effets néfastes. [...] l'inégalité est aussi bien une conséquence qu'une cause ; si l'on permet aux riches de s'enrichir à travers des processus malhonnêtes qui maintiennent les salaires bas et qui élèvent les prix,

1. John Stuart Mill, *Principles of Political Economy*, *op. cit.*
2. John Stuart Mill, *Utilitarianism, Liberty and Representation*, 1861.

alors les inégalités vont croître. Mais tout le monde ne s'enrichit pas de cette manière. Certaines personnes inventent des nouveaux outils, médicaments, ou appareils, ou des nouvelles manières de faire les choses, et ceci bénéficie à tout le monde, pas seulement à eux-mêmes. Ils contribuent à l'amélioration et à la prolongation de la vie des gens. C'est bien que les grands innovateurs deviennent riches. Faire n'est pas la même chose que prendre. Ce n'est pas l'inégalité en elle-même qui est injuste, mais plutôt le processus qui la crée. »

Économiste

Keynes définit l'économiste ainsi : « Le maître-économiste doit posséder une rare combinaison de dons. Il doit être mathématicien, historien, homme d'État, philosophe – dans une certaine mesure. Il doit comprendre les symboles et parler avec des mots. Il doit envisager le particulier en termes de général, et toucher l'abstrait et le concret dans le même élan de pensée. Il doit étudier le présent à la lumière du passé en vue de l'avenir. Aucune partie de la nature de l'homme ou de ses institutions ne doit échapper à son attention. Il doit être à la fois déterminé et désintéressé, aussi distant et incorruptible qu'un artiste, mais parfois aussi proche de la terre qu'un politicien [1]. »

Salaire

Dans la *Recherche sur la nature et les causes de la richesse des nations*, Adam Smith insiste sur l'importance d'un niveau satisfaisant de salaire : « Ce sont les salaires du travail qui sont l'encouragement de l'industrie, et celle-ci, comme toute autre qualité de l'homme, se perfectionne à proportion de l'encouragement qu'elle reçoit. »

Sir John Hicks (1904-1989) obtient le prix Nobel en 1972 en même temps que l'Américain Kenneth Arrow (1921-2017) « pour leurs contributions pionnières à la théorie de l'équilibre économique général et à la théorie du bien-être ». Paul Samuelson considère Hicks comme « le père de la microéconomie moderne ».

Sa théorie des salaires de 1932 fait référence en ce domaine. D'après Hicks, « la théorie de la détermination des salaires dans un marché libre est simplement un cas particulier de la théorie générale de

1. John Maynard Keynes, *Essays In Biography*, Londres, MacMillan, 1933.

la valeur. Le salaire est le prix du travail [1]. » Il affirme : « Dans la pratique, le calcul du revenu a pour but de donner aux gens une indication de la quantité qu'ils peuvent consommer sans s'appauvrir. En suivant cette idée, il semblerait que nous devrions définir le revenu d'un homme comme la valeur maximale qu'il peut consommer au cours d'une semaine, tout en s'attendant à être aussi bien loti à la fin de la semaine qu'au début [2]. »

Besoin

Dans *Principes d'économie politique* (1890), Alfred Marshall écrit : « Il me semble n'y avoir aucune bonne raison de croire que nous soyons le moins du monde proches d'un état stationnaire où il n'y aurait aucun besoin nouveau important à satisfaire. Toute l'histoire de l'homme montre que ses besoins s'étendent à mesure que se développent ses richesses et ses connaissances. »

Néanmoins, pour Marshall, « l'utilité totale d'une chose augmente avec toute augmentation de la

---

1. John Hicks, *The Theory of Wages*, Londres, Palgrave MacMillan, 1963.

2. John Hicks, *Value and Capital. An Inquiry into some Fundamental Principles of Economic Theory*, Oxford, Clarendon Press, 1946.

quantité, mais non pas aussi rapidement que cette quantité. Si cette quantité augmente à un taux uniforme, les avantages qu'en tire un individu augmentent à un taux décroissant. »

Investissement

Pour Mill, « de même que le salaire de l'ouvrier est la rémunération de son travail, les profits du capitaliste sont à proprement parler, comme l'a fort bien dit M. Senior, la rémunération de son abstinence. C'est ce qu'il gagne à ne pas consommer le capital pour son usage personnel et à le faire consommer par des ouvriers qui reproduisent leur travail. Cette abstinence doit être récompensée [1]. »

D'après Hicks, « l'investissement est un oiseau volage qui doit être contrôlé ».

Banque centrale

Les guerres entre la France et l'Angleterre ont eu comme conséquence la création de la Banque d'Angleterre en 1694 à Londres. En décembre 1693, le gouvernement de Guillaume III a besoin de

1. John Stuart Mill, *Principles of Political Economy, op. cit.*

1,5 million de livres pour « mener à bonne fin la guerre avec la France », qui va durer neuf ans.

William Paterson associe le grand emprunt public à la création d'une banque. L'Act voté par le Parlement anglais en 1694 autorise la souscription, les souscripteurs devant former une société appelée The Governor and Company of the Bank of England. L'opération est couronnée de succès, 1,5 million de livres sont versées à l'État sous la forme de billets portant le sceau de la Banque d'Angleterre.

Pour Hicks, « ce n'est que dans une économie nationale largement autonome qu'une banque centrale nationale peut être une véritable banque centrale ; avec le développement du marché mondial, et (surtout) des marchés financiers mondiaux, les banques centrales nationales descendent d'un cran, devenant des banques individuelles dans un système mondial, qui n'est plus au "centre". Ainsi, le problème qui avait été (partiellement) résolu par l'institution des banques centrales nationales est réapparu, et il n'est toujours pas résolu (bien que nous essayions de le résoudre), au niveau mondial [1]. »

Dans *Principes de l'économie politique et de l'impôt*, David Ricardo attire l'attention sur le fait que

1. John Hicks, *The Two Triads*, dans *Collected Essays in Monetary Theory*, Oxford, Clarendon Press, 1967.

« l'expérience prouve cependant que toutes les fois qu'un gouvernement ou une banque a eu la faculté illimitée d'émettre du papier-monnaie, ils en ont toujours abusé [...]. Aucun moyen ne paraît mieux calculer pour prévenir l'abus de cette émission, qu'une disposition qui impose à toutes les banques qui émettent du papier, de payer leurs billets en monnaie d'or. » Que dirait David Ricardo de la politique monétaire du XXIe siècle ?

Dans *The Art of Central Banking* (1932), Ralph George Hawtrey (1879-1975) écrit : « Il est rare qu'une politique d'argent bon marché ne réussisse pas à déterminer la reprise. »

Économie de marché financier

Hicks explique que, dans le cas de l'économie de marché financier, les emprunteurs s'adressent directement aux agents économiques à capacité de financement *via* les marchés financiers. Les entreprises assurent leur financement par appel direct au marché, l'endettement auprès du système bancaire n'ayant qu'un rôle limité. Le multiplicateur de crédit est à l'œuvre. Les banques ne peuvent créer de la monnaie scripturale qu'en proportion de la monnaie centrale.

Économie d'endettement

Dans l'économie d'endettement, le financement est indirect *via* les intermédiaires financiers qui s'interposent entre les investisseurs et les épargnants. Dans ce type d'économie, le financement se fait majoritairement par crédit bancaire. Les marchés financiers jouent un rôle marginal.

Pour Hicks, si ce système permet aux émetteurs de titre à notoriété insuffisante d'obtenir un financement et s'il permet aux épargnants de réduire leur risque grâce à l'intervention des experts, il est à l'origine d'un double endettement : celui des entreprises auprès des banques commerciales et celui des banques commerciales auprès de la banque centrale. En effet, peu de banques ont encore suffisamment d'argent en caisse pour pouvoir faire de l'intermédiation financière. Comme la politique monétaire de la banque centrale est dominée par la volonté de soutenir la croissance, les banques commerciales sont assurées d'un refinancement quasi automatique. C'est le diviseur de crédit qui est à l'œuvre dans ce cas. Hicks souligne le fait qu'en pareille circonstance la banque centrale subit les décisions des banques commerciales qui lui imposent d'émettre de la monnaie proportionnellement à leurs propres besoins de financement.

L'incomplétude contractuelle

Dans *Firms, Contracts, and Financial Structure*, le prix Nobel Oliver Hart explique « pourquoi l'incomplétude contractuelle est importante. La raison en est que le processus de renégociation impose plusieurs coûts. Certains d'entre eux sont des coûts *ex post*, encourus au stade de la renégociation elle-même, et d'autres sont des coûts *ex ante*, encourus en prévision de la renégociation. »

Données

Ronald H. Coase (1910-2013) a reçu le prix Nobel en 1991 « pour avoir découvert et clarifié l'importance des coûts de transaction et des droits de propriété pour la structure institutionnelle et le fonctionnement de l'économie ». D'après lui, « si vous torturez les données suffisamment longtemps, elles se confesseront ». Pour lui, « les données ne peuvent pas parler d'elles-mêmes ; c'est à vous de leur donner la parole. Essayez de parler franchement ».

Réglementation

Coase affirme : « Je ne me souviens pas d'un seul [exemple de réglementation] qui soit bon. La réglementation des transports, la réglementation de l'agriculture – l'agriculture c'est a, le zonage c'est z. Vous savez, vous allez de a à z, elles sont toutes mauvaises. Il y a eu tellement d'études, et le résultat était assez universel : les effets sont mauvais. »

Science économique

Comme l'explique Coase, « au fil des ans, l'économie est devenue de plus en plus abstraite et dissociée des événements du monde réel. Les économistes, dans l'ensemble, n'étudient pas le fonctionnement du système économique réel. Ils élaborent des théories à ce sujet. Comme l'a dit un jour Ely Devons, un économiste anglais, lors d'une réunion : "Si les économistes voulaient étudier le cheval, ils ne se promèneraient pas et ne regarderaient pas les chevaux. Ils s'assiéraient dans leur bureau et se diraient : 'Que ferais-je si j'étais un cheval ?'" [1]. »

Il ajoute : « Dans ma jeunesse, on disait que ce qui était trop bête pour être dit pouvait être chanté. Dans l'économie moderne, cela peut être traduit en mathématiques [2]. » Il complète : « Les outils utilisés

1. Ronald H. Coase, « Speech to ISNIE : The Task of the Society », 1999.

2. Ronald H. Coase, *The Firm, the Market, and the Law*, Chicago, University of Chicago Press, 1988.

par les économistes pour analyser les entreprises sont trop abstraits et trop spéculatifs pour guider les entrepreneurs et les gestionnaires dans leur lutte constante pour proposer de nouveaux produits aux consommateurs à moindre coût [1]. »

Il avertit que « l'économie telle qu'elle est actuellement présentée dans les manuels et enseignée en classe n'a pas grand-chose à voir avec la gestion d'entreprise, et encore moins avec l'esprit d'entreprise [2] ».

Il explique que la globalisation et la complexification de l'économie moderne rendent les analyses économiques exhaustives impossibles : « Le temps est certainement révolu où les économistes pouvaient analyser en détail deux individus échangeant des noix contre des baies à l'orée de la forêt et estimer que leur analyse du processus d'échange était complète, aussi éclairante que cette analyse puisse être à certains égards [3]. »

---

1. Ronald H. Coase, « Saving Economics from the Economists », *Harvard Business Review*, décembre 2012.

2. *Id.*

3. Ronald H. Coase, *The Firm, the Market, and the Law*, *op. cit.*

Épargne

D'après Winston Churchill, « les économies, c'est très bien, surtout si vos parents les ont faites pour vous ».

Prise de décision

Coase affirme : « Il faut d'abord noter que les facteurs économiques sont pris en compte dans un monde où l'ignorance, les préjugés et la confusion mentale, encouragés plutôt que dissipés par l'organisation politique, exercent une forte influence sur la prise de décision [1]. »

Entreprise

Pour Coase, « une entreprise consiste donc en un système de relations qui naît lorsque l'orientation des ressources dépend d'un entrepreneur… Au fur et à mesure que la taille de l'entreprise augmente, le rendement de la fonction d'entrepreneur peut diminuer,

1. Ronald H. Coase, « The Economics of Broadcasting and Government Policy », *The American Economic Review*, vol. 56, n° 1/2, 1er mars 1966, p. 440-447.

c'est-à-dire que le coût de l'organisation de transactions supplémentaires au sein de l'entreprise peut augmenter [1]. »

Il considère que « des changements tels que le téléphone et la télégraphie, qui tendent à réduire le coût de l'organisation spatiale, auront tendance à augmenter la taille de l'entreprise [2] ».

Hicks explique : « L'entreprise acquiert des facteurs et vend des produits. Son but est de porter au maximum l'écart entre leurs valeurs respectives [3]. »

Propriété

Dans le *Traité sur le gouvernement civil* (1690), le philosophe John Locke (1632-1704) explique : « La terre et les biens produits par le travail sont l'extension de l'homme lui-même. Comme l'homme s'appartient, son extension doit elle aussi lui appartenir. » Il ajoute : « La fin capitale et principale, en vue de laquelle les hommes s'associent dans les républiques et se soumettent à des gouvernements, c'est la conservation de leur propriété. »

1. Ronald H. Coase, « The Nature of the Firm », *Economica*, vol. 4, 16, novembre 1937.
2. Ronald H. Coase, *The Firm, the Market, and the Law*, *op. cit.*
3. John Hicks, *Value and Capital*, *op. cit.*

Coase fait remarquer que « le droit de propriété détermine qui possède quelque chose, mais c'est le marché qui en détermine l'utilisation ».

Théorie économique

Dans *Essays on Economics and Economists*, Coase écrit : « une théorie n'est pas comme les horaires d'une compagnie aérienne ou d'un bus. Nous ne nous intéressons pas seulement à l'exactitude de ses prédictions. Une théorie sert également de base de réflexion. Elle nous aide à comprendre ce qui se passe en nous permettant d'organiser nos pensées. Face à un choix entre une théorie qui prédit bien mais nous donne peu d'indications sur le fonctionnement du système et une théorie qui nous donne ces indications mais prédit mal, je choisirais la seconde, et je suis enclin à penser que la plupart des économistes feraient de même. »

État

En 1748, dans *Essais sur l'entendement humain*, David Hume conseille : « Il faut prendre tous les hommes pour des fripons [...]. Il faut rendre leur avarice insatiable, leur ambition démesurée et tous leurs vices profitables au bien public. »

Coase met en garde contre la surétatisation : « Une raison importante pourrait être que le gouvernement est actuellement si grand qu'il a atteint le stade de la productivité marginale négative, ce qui signifie que toute fonction supplémentaire qu'il assume entraînera probablement plus de mal que de bien… Si un programme fédéral était mis en place pour aider financièrement les scouts à aider les vieilles dames à traverser les carrefours, nous pourrions être sûrs que tout l'argent n'irait pas aux scouts, que certaines des personnes qu'ils aideraient ne seraient ni vieilles ni dames, qu'une partie du programme serait consacrée à empêcher les vieilles dames de traverser les carrefours, et que beaucoup d'entre elles seraient tuées parce qu'elles traverseraient maintenant à des endroits où, sans surveillance, elles étaient au moins autorisées à le faire. »

Analyse comportementale

Coase écrit dans *L'Entreprise, le marché et le droit* : « Je crois que les préférences humaines sont devenues ce qu'elles sont au cours des millions d'années pendant lesquelles nos ancêtres (qu'ils puissent ou non être classés comme humains) vivaient en bandes de chasseurs et avaient les préférences qui, dans de telles conditions, étaient propices à la survie. Il se peut donc qu'en fin de compte, le travail des sociobiologistes (et de leurs critiques) nous permette de construire une image de la nature humaine si détaillée que nous puissions en déduire l'ensemble des préférences avec lesquelles les économistes commencent. Et si ce résultat est atteint, il nous permettra d'affiner notre analyse de la demande des consommateurs et d'autres types de comportement dans la sphère économique. »

Socialisme

Winston Churchill explique le socialisme de la manière suivante : « Christophe Colomb était le premier socialiste. Il ne savait pas où il allait, il ignorait où il se trouvait et faisait tout ça aux frais de la société. » Il ajoute : « C'est bien une idée de socialiste de faire du profit un vice. Je considère que le vrai vice est de faire des pertes. »

Dans son livre *The Downing Street Years* (1993), Margaret Thatcher écrit : « L'objectif inavoué du socialisme est d'accroître la dépendance. La pauvreté n'est pas seulement le sol nourricier du socialisme. Elle en est l'effet délibérément recherché. »

Prix

Dans *Principes de l'économie politique et de l'impôt* (1817), David Ricardo explique que « c'est le coût de la production qui détermine en définitive le prix des marchandises » et que « les choses, une fois qu'elles sont reconnues utiles par elles-mêmes, tirent leur valeur échangeable de deux sources, de leur rareté, et de la quantité de travail nécessaire pour les acquérir ».

Innovation

Comme le souligne Mill en 1848, « le génie ne peut respirer librement que dans une atmosphère de liberté [1] ».

Succès

Anthony Trollope (1815-1882) avertit contre les effets néfastes d'un grand succès prématuré : « Le succès est un poison qui ne doit être pris que tard dans la vie et encore à petites doses. »

---

1. John Stuart Mill, *On Liberty*, 1859.

Norvège

Économétrie

Dans les années 1920, Ragnar Frisch (1895-1973), lauréat du premier prix Nobel en sciences économiques en 1969 pour ses travaux en économétrie, reprend le projet abandonné par Irving Fisher en 1912 et constitue un réseau international d'économistes mathématiciens. Il définit l'économétrie de la manière suivante : « Intermédiaire entre les mathématiques, la statistique et l'économie politique, nous trouvons une discipline nouvelle que l'on peut, faute de mieux, désigner sous le nom d'économétrie. L'économétrie a pour but de soumettre les lois abstraites de l'économie politique théorique ou l'économie "pure" à une vérification expérimentale et numérique, et ainsi de constituer, autant que cela est possible, l'économie pure en une science dans le sens restreint de ce mot. »

Mais, d'emblée, il met en garde contre la « playométrie », en français *ad litteram* « jouométrie » : « J'ai insisté sur le fait que l'économétrie doit présenter un intérêt pour les réalités concrètes, sinon elle dégénère dans quelque chose qui ne mérite pas de s'appeler économétrie, mais plutôt jouométrie. »

Macroéconomie et microéconomie

Composée de trois mots grecs, *makros*, grand, *oikos*, maison, et *nomos*, gérer, le terme « macroéconomie » doit son existence à Frisch et signifie l'étude globale de l'économie par opposition à la « microéconomie », du grec *mikros*, petit, un autre terme que Frisch crée.

Mais ce qui est le plus important est le fait que Frisch explique que la macroéconomie ne doit pas être étudiée comme une agrégation de toutes les microéconomies. « Certes, il est toujours possible, en utilisant un système approprié de signes, d'introduire presque tous les facteurs imaginables : tous les biens, tous les entrepreneurs individuels, tous les consommateurs individuels, etc. et de poser toutes sortes de relations entre ces grandeurs, en prenant soin de conserver le nombre d'équations égal au nombre de variables. Mais, dans une telle théorie, il serait extrêmement difficile d'étudier des problèmes aussi fondamentaux que la forme exacte des solutions, la question de savoir si un ensemble de phénomènes intervient avant ou après un autre, la question de savoir si une partie du système oscille avec une plus grande amplitude qu'un autre et ainsi de suite. [...] Pour attaquer ces problèmes sur une base macroéconomique, propre à expliquer les mouvements du système considéré comme un tout, nous devons délibérément ignorer une masse considérable de détails. Nous devons peut-être commencer par rassembler toutes les sortes de biens produits en une seule variable, toutes les sortes de biens consommés en une seule autre, et ainsi de suite, en supposant que les notions de production, de consommation peuvent être mesurées par un indice approprié [1]. »

Cycles

Ses analyses sur les fluctuations économiques et de la propagation des chocs *via* l'investissement sont

1. Ragnar Frisch, « Propagation Problems and Impulse Problems in Dynamic Economics », dans *Economic Essays in Honor of Gustav Cassel*, Londres, Allen and Unwin, 1933.

à la base des théories des cycles réels : « La majorité des oscillations économiques que nous rencontrons peuvent être expliquées par des oscillations libres. Dans beaucoup de cas, elles semblent être produites par le fait que certaines impulsions extérieures frappent le mécanisme économique et initient ainsi des oscillations plus ou moins régulières.

La plus importante caractéristique des oscillations libres est que la longueur des cycles et la tendance vers l'amortissement sont déterminées par la structure intrinsèque du système oscillant, alors que l'intensité (l'amplitude) des fluctuations est déterminée principalement par une impulsion extérieure. Une conséquence importante qui en résulte est qu'une fluctuation plus ou moins régulière peut être produite par une cause qui opère irrégulièrement. Il n'est pas besoin qu'il y ait de la synchronisation entre la force ou les forces initiatrices et le mouvement du système oscillant. Ce fait a été souvent négligé dans l'analyse du cycle économique [1]. »

Il continue : « Si une variation cyclique est analysée du point de vue de l'oscillation libre, nous devons faire la différence entre deux problèmes fondamentaux : premièrement, le problème de la propagation ; deuxièmement, le problème de l'impulsion.

---

1. *Id.*

Le problème de la propagation est le problème d'expliquer par les propriétés structurelles du système oscillant quel serait le caractère des oscillations au cas où le système démarrait d'une sorte de situation initiale. Ceci doit être fait par une théorie essentiellement dynamique, ce qui veut dire par une théorie qui explique comment une situation se développe de la précédente [1]. »

Ragnar Frisch explique ainsi les répercussions d'une crise sur l'économie : « Si vous frappez un cheval à bascule avec un bâton, le mouvement du cheval sera très différent de celui du bâton [2]. »

En 2004, Finn Erling Kydland (1943-) obtient le prix Nobel en même temps que l'Américain Edward Prescott (1940-2022) « pour leurs contributions à la macroéconomie dynamique : la cohérence temporelle de la politique économique et les forces motrices des cycles économiques ».

En 1990, Kydland déclare : « Une chose que nous avons apprise, c'est que les cycles économiques ne sont pas si coûteux pour les gens. Les implications en termes de bien-être ne sont pas si importantes, du moins si l'on considère les cycles économiques normaux. Cela ne veut pas dire, bien sûr, que les

1. *Id.*
2. *Id.*

gouvernements ne peuvent pas mettre en œuvre de mauvaises politiques et aggraver la situation. Mais il serait peut-être bon que nous accordions plus d'attention aux questions à long terme, où les avantages peuvent être vraiment considérables. À mesure que notre compréhension de la théorie économique s'améliore et que les ordinateurs se perfectionnent, il est naturel de s'intéresser aux questions qui ont une incidence sur le cycle de vie, telles que la sécurité sociale, l'immigration, la répartition des âges et des richesses [1]. »

---

1. International Monetary Fund, « Nobel laureate Kydland reflects, talks about what's in store », 24 mai 2005.

Remerciements

Je remercie chaleureusement Catherine Dargent pour sa relecture minutieuse.

La Bibliothèque centrale universitaire Carol I, https://www.bcub.ro/en/home/

La Bibliothèque de Catalogne, https://www.bnc.cat/

La Bibliothèque nationale de Bulgarie, https://www.nationallibrary.bg/www/en/

La Bibliothèque nationale de la République tchèque, https://www.en.nkp.cz/

La Bibliothèque nationale d'Estonie, https://www.rara.ee/en/

La Bibliothèque nationale de Lettonie, www.lnb.lv

La Bibliothèque nationale de Lituanie, https://www.lnb.lt/en/

La Bibliothèque nationale de Slovaquie, https://www.snk.sk/en/

La Bibliothèque nationale de Slovénie, www.nuk.uni-lj.si

La Bibliothèque nationale du Luxembourg, https://bnl.public.lu/fr.html

La Bibliothèque nationale et universitaire de Zagreb, www.nsk.hr

La Bibliothèque nationale Mihai Eminescu, https://www.bcu-iasi.ro/en/

La Bibliothèque nationale Széchényi, https://www.oszk.hu/en

La Bibliothèque royale du Danemark, https://www.kb.dk/en

Cet ouvrage a été mis en pages par

<pixellence>

Imprimé en France
par la Nouvelle Imprimerie Laballery
rue Louis Blériot 58500 Clamecy
mars 2024 - N° 401305

La Nouvelle Imprimerie Laballery est titulaire de la marque Imprim'Vert®

L'économie européenne en 100 citations